DOLLARS & SEX

How Economics Influences Sex and Love

セックスと恋愛の経済学

超名門ブリティッシュ・コロンビア大学
講師の人気授業

マリナ・アドシェイド 著
Marina Adshade

酒井泰介 訳
Taisuke Sakai

東洋経済新報社

Original Title:
DOLLARS AND SEX
How Economics Influences Sex and Love
by Marina Adshade

Japanese translation published by arrangement
with Marina Adshade Creative, Inc. c/o
Levine Greenberg Literary Agency, Inc.
through The English Agency (Japan) Ltd.

CONTENTS——セックスと恋愛の経済学

Chapter 2

出会いの大学時代　39

Chapter 3

バーチャル恋愛　71

結語　293

INTRODUCTION

序論

巨根の男性が多い国と短小の人の多い国ではどちらが栄えているのだろう――エコノミストはいまや、経済学的問題を考える資料として、「グローバル・ペニス長分布地図」に目を付け始めています。

経済学は「陰気な科学」と呼ばれるけれど、これは別に昨今の地球規模での景気後退を予測できなかったから――それを言うなら歴史上のどんな景気後退や不況も予測できたためしがないから――ではありません。18世紀後半に、英国のエコノミスト風教区司祭トマス・マルサスが、英国の農婦たちが股を開く限り社会の繁栄はないと予言したことから生まれた別名です。

ことセックスについては、マルサスは確かに悲観論者です。だからといって、全てのエコノミストがこの世で最も甘美な歓びについて、こんな陰気な見方をしているとは限りません。とりわけこの10年ほど、様々な研究者らが競って経済学の理論やデータを用いて性との関わりを研究しています。

こうして生まれた様々な研究成果は、誰もの身体を火照らせる経済学的理論や知見の体系です。実際、著者が4年前に考えたことも同じ。学部生らに経済学に興味を持たせ、その意義に目を向けさせるために、セックスや恋愛を講じようと閃《ひらめ》いたのです。

学生たちに市場の働きを理解させるための趣向として始まった試みは、やがて彼らがセックスや恋愛をめぐる市場での立場を理解するための斬新な方法に進化していきました。彼らは経済学が自分の性行動にどう影響しているのかを知り、クラスで学んだコンセプトを私生活に生かし始めたのです。

変わったのは学生たちの物の見方だけではありません。経済学の理論をセックスや恋愛に応用するようになって、エコノミストとして世間を直視することが個人生活の見直しにどんなに役立つかを、私も痛感しました。

私事ですが、こんなささやかな例を。

私はかつて出会いサイトを自分のパートナー探しに好適とは思っていませんでした（理由は後述）。でも市場の活気について考えてみると、不振な市場では参加者は少なく、買い手も売り手も価格で折り合いにくいものです。しかし栄えている市場では、参加者も多く、売買が成り立ちやすいわけです。

出会いサイトは、まさしく栄えている市場です。売り手と買い手が折り合える「価格」を、望み得る最高の男性と出会うこと、そして男性にとって最高の相手として自分を見出してもらえることとするなら、オンラインでパートナーを探すことが私にとって理に適っているのです。出会いが簡単だからではありません（様々な点で、出会いサイトでの出会いは容易ではありません）。栄えている市場だから、ひいては自分にとっても最も質の高い関係を見つけ出せるはずだから、です。

少なくともそれが私の論理です。まだ試してはいないけれど。

セックスや恋愛については、ほとんどいかなる選択肢、決断、結果についても、経済学の枠組みで考えた方が理解が深まると思います。それどころか経済学的な思考の助けを借りていないどんな考えも不完全だとさえ思います。産児制限を公的助成すべきかについて考える際も、巨大企業を公的救済すべきかについて経済学的に考えるべきであるのと同じ。できるだけ多くの相手とセックスする代償と、学校を中退することを思いとどまる負担を考えるのも同じ。不倫すべきかどうかも、貯蓄を株式に投資すべきかどうかを考える時と等しく、経済学的に考えるべきなのです。

本書『セックスと恋愛の経済学』には、経済学の理論で今日の性的関係を十分に理解できるような各種の物語を集めてあります。経済的要因が個人の性行動にどう影響するかを示す短い物語も、全編にわたってちりばめてあります（いずれの挿話も、ちょっと憚《はばか》る内容から仮名扱いにしています）。データを伴う物語もあります。統計はある状況において人々がどんな判断を下しているのかの傾向を探るもの。そしてそれは、まさしく無数の男女が下す判断についても同じです。最後に、誰もがいつの日にか迫られる決断を理解する枠組みになる物語もあります。経済理論の観点から、セックスと恋愛についての市場をモデル化する物語です。

本書は3幕で構成されています。いずれもが人生の別々の段階を扱い、それぞれ3つの章から成っています。

第1幕では、若く自由奔放な暮らしを扱います。革命はえてして経済的理由から勃発しますが、これは性革命でも何ら変わりません。20世紀後半の性的な価値の解放とは、婚前交渉の費用と便益を経済学的に天秤にかけ、いますぐセックスしない手はないと結論したということです。性についてのこうしたリベラルな見方を諸手をあげて取り入れた集団の1つは大学生らですが、彼らのセックスと恋愛の市場は必ずしも均衡していません。女子学生の方が多くなった昨今のキャンパスでは、カジュアル・セックスが増え、伝統的なデートは過去の遺物になりつつあります。実際、第1幕の最終章はセックスや恋愛のオンライン市場についてです。エコノミストの1人として、求愛行動をめぐる膨大なデータが得られるようになってありがたい限りです。

たいていの人はやがて、特定の相手との長期的な関係を考える段階に差しかかります。それが

第2幕のテーマ。人生の常ですが、結婚生活は必ずしも望み通りになるとは限りません。でも、願わくは伴侶に対して忍耐強くあり、結婚生活という取引関係からできるだけ多くを得たいもの(ロマンチックに聞こえるかもしれないけれど、私の経済学的結婚観を知れば驚くわ!)。結婚は必ずしも1組の男女の結び付きとは限りません。それには様々な代替形態があり得るし、どんな形態が合法的であるか、そして社会的に容認されるかについては、経済学的な要因が大きな影響を及ぼしています。第2幕の最終章では、カップル間の主導権争い、つまり家庭内での力関係を扱います。既婚者なら誰でもおわかりの通り、単に婚姻届に署名したからといって、この交渉が終わるわけではないからです。

誰の人生も必ず第3幕を迎えます。この段階に達すると、子供たちは大きくなり、自らセックスライフを持つようになります。学際的な性教育を取り入れている学校もあります。第3幕の皮きりとなる章をお読みいただければ、性教育に経済学の視点を導入すべきことがおわかりになるでしょう。ここでは不倫についても扱います。伴侶に内緒であれ公然とであれ、不倫の得失を秤にかけたあげく、後悔を恐れず決行する人々についての物語です。そして最後に、セックスと恋愛について最も急速に成長している市場――熟年男女の出会い、そして時には別れ――についてです。

本書をお読みいただく上で、念頭に置いていていただきたいこともあります。

第1に、経験データに基づく物語や経済学的理論は、社会の全ての人々を描くものではなく、平均像的な行動を描くものであることです。人間の行動は複雑であり、私たちの下す決断は最終的には個人的な好みしだいです。例えば、平均的な女性は、自分と同じ人種の男性とのデートを強く望みます。そう聞いて、現に自分はそうではないから違うと思う人もいるはずです。自分と同じ人種の男性としかデートしたくない女性から、自分と同じ人種の男性とは絶対にデートしたくない女性との間まで、好みの分布があるからです。そして女性は同じ人種の男性とのデートを望むものというのは、この分布が同人種間でのデートを望む人の方へと偏っているということなのです。それが平均的な好みであり、自分がそうではなくても、他者の行動を理解する役には立ちます。

それは2番目の留意点に通じます。本書で採用したいずれの証拠も、公的な意見調査によるものではないことです。エコノミストが知りたいのは、示された選択肢に対する回答ではなく、個人が実際にどんな行動を選択したかです。だから顕示選好という概念を信頼します。人々が実際に下した選択を観察し、選好を推量するのです。だから例えば、女性に異人種の男性とのデートについてどう思うかとは聞きません。そう聞かれれば、当然ながら大半の女性たちは、人種へのこだわりはないと答えなければならないと感じます。代わりに、私たちは出会いサイトや合コンイベントを観察して、女性たちがどんな男性との出会いを選んでいるかのデータを集めます。その結果、女性がしばしば同一人種の男性を選んでいることから、それが平均的な女性の選好なのだと知るのです。

3番目の留意点は、本書で扱う議論は、もっぱら実際に人々がどう行動しているかについてのものであり、どう行動すべきかについてのものではないということです。最初にはっきりさせておきますが、私は個人的にも社会全体としても、行動の善悪について論じたいわけではありません。そんな議論を軽んじるつもりはありませんが、人々の行動を断じることはエコノミストとしての私の仕事ではないということです。

さて本論に入るにあたって、冒頭の問いの答えを。ペニスのサイズと社会の経済的繁栄の関係についての答えは、イエスでもありノーでもあります。要するにこれも両極間の分布の問題です。ペニスのサイズの小さい男性の多い国は、経済状態が悪い傾向にあります。ペニスのサイズが大きくなるにつれて国民所得は上がっていきますが、それもある程度まで。それを超えてさらに大きくなるにつれて、国民所得は下がっていくのです。平均して巨根の男性が多い国は、えてして貧しい（生活のあらゆる面にわたってではないことは明らかですが）のです。この関係を勃起曲線と呼びたいと思います。この研究結果を買いかぶるつもりはありませんが、経済学的モデルとしては、手ごろではあります。[1]

（1）これはヘルシンキ大学の果敢な博士課程学生タツ・ウェスリングの論文によるもの。

Chapter 1

あなたの恋愛

Love the One You're With

カサノヴァはレモンで避妊した

時は2003年、ペンシルバニア大学の著名マクロエコノミストである基調講演者はのたもうた――「カサノヴァはレモンで避妊した」。昼食を取りながら熱心に聴いていたエコノミストらは、度肝を抜かれました。室内の95％（男性）は「本当に効くのか？」、残る5％（女性）は「んまぁ！」

後者に属する私は、奇妙な性的事実がいかに聞き手を引き付けるかを肝に銘じました。

カサノヴァの口説き方はさておき、講演者は非常に良い点をついていました。20世紀の性解放です。

は経済的な物語であるということです。効果的な避妊法という新技術は、性交の費用対効果分析を大いに揺るがしたのです。すなわち、無数の男女が日々行っている「今夜ヤルべきかどうか?」

こうした新「技術」は、教育や平等性とも相まって、性をめぐる環境を一新してしまいました。経済的要因が風紀の乱れを促したことに得心がいかないのなら、次の事実を考えてみて。

・1900年、19歳の未婚女性のうち性体験のある女性はわずか6%だったが、1世紀後には75%になっていた。

・避妊技術は過去半世紀に向上の一途をたどったが、それにもかかわらず、未婚女性による出産数は同期間に5%から41%へと増えている。

・こうした婚外子の増加にもかかわらず、66%の米国人は相変わらず婚外出産は社会にとって好ましくないと考えている。

・婚前交渉は、家計収入と強く相関している。最貧層の家庭に生まれ育った少女は、最富層の家庭に生まれ育った少女よりも、未婚で性体験を持つ率が50%高い。

・婚前交渉は当たり前になったかもしれないが、完全に汚名をすすいだわけではない。婚前交渉は道徳的に問題ないと考える35歳未満の人は女性でわずか48%、男性では55%に過ぎない。

・10代の妊娠に対する態度は、世帯収入と関係している。高収入世帯の少女のうち妊娠して家族に非常に強く怒られた少女は68%、一方で低収入世帯では46%である。

・結婚はますます豊かな者が享受する特権になっている。１９６０年代には、大卒者と高卒者の結婚率は大差なかった（それぞれ76％と72％）。今日では低学歴者の結婚率は48％に落ちたが、大卒者の場合はまだ64％にとどまっている。

・ピュー・リサーチ・センターの調査によれば、19歳から29歳のヤングアダルト層は、他のいかなる年代層よりも、結婚に意義を見出していない。彼らの44％は結婚制度は時代遅れになっていると答え、「良い家庭を築くことは人生で最も重要なことである」という考えに賛同するのはわずか30％に過ぎない。

こうした態度や考えが相まってどのようにセックス観の大変革をもたらしたかを示すために、まずある少女についてお話ししましょう。

これは17歳で家出した少女ジェーンのお話。彼女はそれから3種類の環境を経験しました。かつてジェーンは、女子寄宿舎校の優等生でした。中退した学生がホテルの客室メイドになったり貧しい界隈の怪しげな場所で働くようになる学校ではありません。でも同級生がこぞって大学に進学する（伴侶と学位を求めて）のをよそに、彼女は別の道を歩みました。

こうしてジェーンは、自分とは人生観の大きく異なる女性たちと一緒に過ごすようになりました。ジェーンと違い、貧困の中で育った女性たちでした。売春で生計を立てる人もおり、10代半ばにして母親にならってセックスワーカーになった人もいました。地元を離れられない彼氏を追って他の地域から移ってきた人もいました。若くして苦界に身を沈め、這い上がれない人もいました。

つまるところ、ジェーンの友人たち（セックスワーカーではない人でさえ）は、性的に非常に乱れていました。彼女たちは様々な男たちと性交渉を持ち、そんな男たちは優しいことも、そうではないこともありました。彼女たちが性的に乱れていたのは、道徳的精神が欠如していたためではありません。彼女たちに働いていた経済的要因のため、「今夜ヤルべきかどうか」を考えたときに、答えが常に「決まっているじゃない！」だったということです。

ではその経済的要因とはどんなものだったでしょう？

第1に教育です。1980年代前半から現在に至るまで、仕事を通じて経済的に成功したければ、大卒の学位が必要です。高学歴労働者の給与が上がっているからだけではなく、最低学歴労働者の賃金が下がり続けているからです。実際、ジェーンがゲットーで暮らした1年間は、それから高卒以下の収入が下がり続けた30年の当初に当たっていました。高学歴者と低学歴者との間の細いひび割れはやがて、大きな裂け目になっていったのです。

こうした女性たちは貧しい学歴のせいで所得機会が細る一方であることを自覚していなかったかもしれませんが、2番目の経済的要因については身に沁みてわかっていたはずです。貧しい女性たちにとって、結婚できる見込みは非常に薄くなっていたからです。投獄率は上がっており、実際、ジェーンの友人たちのうち3人もの彼氏が服役中でした。犯罪歴がなくても、低所得男性の経済力では生涯にわたって家庭を維持するには不十分でした。より成功した男たちが、家計に等分の貢献をしてくれる伴侶を探す時代にあって、低学歴で実入りのいい仕事を持たない女性にとって、高収入の男性は手の届かない存在でした。

だから、ジェーンの新たな友人たちの大半は、性の乱れが生涯賃金や結婚の見込みに影響するのではと恐れながらも、自分たちにはどのみち展望など開けないのだ、と自棄《やけ》になっていたのです。彼女らの自暴自棄な暮らしでは、時宜を誤った妊娠やおませという評判は生活水準にほとんど影響しなかったのです。

何も失うものがない彼女たちにとって、「今夜ヤルべきかどうか」に対する回答は決まり切っていました。

ジェーンの物語の第2章は、彼女に目を付けた地元のヒモ男とのひどくおぞましい出会いから始まります。それは折しも、彼女が順当な道から逸脱した行方に不安を抱き始めた時期でした。だから彼女は、財布をつかむや否や、着のみ着のままで脱兎のごとく逃げ出しました。空港で親切な航空会社の係員が航空券を渡してくれ、遠方の姉妹に連絡を取り、避難場所と立ち直りのチャンスを得たのです。

彼女のこの段階については、第6章でまた扱います。ここでは、まず彼女の暮らしの第3幕へと進みましょう。自分を取り戻し、偶然にも私と一緒にランチタイムセミナーでレモンが良い避妊薬になるのかしらと疑問に思っていた時です。

ルームメイトが連れ込んだ男がリビングルームで寝ていた時期は、ジェーンにとってもう遠い過去のものになっていました。いまも彼女は独身で、というより離婚したのでしたが、幼い子供を育て、次の子を妊娠中でした。しかし彼女は教育を受け自立しており、最近では一流大学の博士課程にも入りました(2)。かつて性に乱れた不遇の女性たちと苦界をさまよっていたジェーンが、いまでは高い教育を受けて経済力の階層を這い上がりつつ、しかしやはり性に乱れた20代の女子学生たちと闊歩《かっぽ》するようになったのです。

新たな学友たちは、拡大する収入ギャップの恩恵に浴する人々でした。かつての高学歴の女性、いや男性と比べてさえ、さらに経済力を高めた女性たちです。高学歴の新世代女性は、平均して男性以上の教育を受けるようになった初めての女性たちでもありました。そしていまやより多くの高学歴女性と競争しなければならなくなったので、自分と同等以上の教育を受けた男性を得ることは、より難しくなりました。

新たな学友たちは、完璧な（すなわち高学歴で高収入な）男性を求めつつ、非常に性に乱れていました。おそらくゲットーで出会った女性たちほどではなかったでしょうが、先立つ世代の女性たちに比べると、はるかにそうでした。彼女たちが乱れていた理由は、やはり道徳心の欠如ではありません。費用対分析の結果、ヤラない理由はなかったからです。

簡単な論理です。ヤリまくったからといって、後顧の憂いはほとんどないのです。彼女たちにはコンドームを使えば妊娠や性病を防げることがわかっていました。さらに必ずそれを用いるよう交渉できたのです。そして万一、子供ができても、シングルマザーになることも中絶することもできました。

何よりも、彼女たちは母や祖母の世代とは違い、婚外子を産んでも恥辱や迫害に見舞われませんでした。だからコストがないのです。

このことは、カサノヴァとレモンの関係につながります。

［コラム］男性用避妊手段が待たれる理由

男性が使う避妊法（ＭＢＣ）がなかなか実現しない理由は、たった1つの卵子をコントロールするより数十億もの精子をそうする方が難しいからと研究者は言うかもしれません。しかしそこには、需要と供給という経済学的な理由もあります。

予期せぬ妊娠に伴うコストは、生物学的コストをおいても、男性の方がずっと低いのです。予定外の妊娠は女性にとってたいてい学歴低下につながり、それは生涯

（2）かつて私が研究助手をしていた（偶然ながら上司はカサノヴァの講演をした有名エコノミストでした）とき、米国の国勢調査データを見て、シングルペアレントでありながら博士課程をやり遂げた女性が何人いるのかを知る機会を得ました。答えはご明察通り、1人ではありませんでした。

賃金の低下を招きます。男性にもあり得ることですが、女性よりはるかに軽微です。

しかし2つの出来事が予期せぬ妊娠の対価の増大と、それを防ぐ避妊手段に対する需要をもたらしました。

1つは、政策の変化です。それによって、育児の経済的費用の一部が男性にも課されるようになり、1人子供ができたら家族計画をそっくりやめてしまうような男たちがかつてのような無責任な態度を取りにくくなったということです。

2つ目は女性の就業率が上がり、カップルがより少ない子供しか望まなくなったことです。女性が職場で過ごす時間が増えたことは、避妊に対する需要を増大させただけでなく、夫に対しても避妊に責任を持つよう交渉しやすくしたのです。

では男性はこれから実際にMBCに乗り出すのでしょうか？　この問いに答えんとする研究はいくつかありますが、男性に「MBCが提供されたら利用しますか？」と聞くのと「3カ月ごとに300ドル支払ってタマに注射してもらいますか？」と聞くのとでは大きな違いがあります。だから私は、この問いに対する解答はいまだ出ていないと思います。

製薬会社ではMBC開発に投資しているようですから、十分な需要があると感じているはずです。皮肉屋の私は、こうした製薬会社が本当に狙っているのはSTD（性感染症）薬の売り上げ増大なのでは、と思ってしまいます。これはうまい戦略です。ＭＢＣが普及すれば女性はコンドームを使ってくれとは言いにくくなるからです。もしこの読みが当たっていれば、製薬会社は二度も儲ける機会を得ます。

避妊の歴史をひとくさり

結婚生活における出生率が下がったのは１９６０年代に避妊ピルが手に入るようになってからというのは、一般的な誤解です。事実は２００年前に産業革命がはじまり、熟練労働者の賃金が上がり始めた時からです（後述）。経口避妊は妊娠時期を管理しやすくはしましたが、女性たちは妊娠をコントロールする術を何世紀も前から見出してきました。

例えば米国では、１８００年には平均的な女性は40歳になるまでに7人の子供を産みました。この数字は19世紀を通じて下がり続け、１９３０年代の終わりにはたった２人になっていました。だからピルが出回る30年も前から、出生率は今日並みに下がっていたのです。

人類の歴史の大半を通じて、セックスをしながら妊娠を避ける唯一の方法は膣外射精でした。結婚を遅らせることも（婚外子を持つことが論外であった時代には）妊娠期間の低下に役立ちました。そしてこの方法は、冒頭で紹介したトマス・マルサスによって大いに推奨されました。結婚適齢期を過ぎた女性の率が高いことも、平均出産率を下げる役に立ちました（実際、ベビーブームの頃に子供が増えた主な理由は、1世帯が4、5人もの子供を作ったからではなく、生涯に1人は産むという女性が増えたためです）。アナルセックスや「接して漏らさず」も避妊に役立ちましたが、これはどうやらセックスワーカーによってより多用されるテクニックだったようです。

コンドームは3000年も前から用いられていましたが、初めての本当に実用的な避妊器具は、1838年頃に導入された避妊用頸部キャップでした。先述の通りカサノヴァ（1725～1798年）はレモンで子宮頸部に蓋をしましたが、この手は全く流行らなかったようです（たぶん半分に切ったレモンを膣に挿入するように女性を説得できたのは、カサノヴァ並みに魅力的な男性だけだったからでしょう）。

1850年代、チャールズ・グッドイヤーは生ゴムの加硫《かりゅう》技術を開発し、装着感が良く、安価かつ効果的に避妊できるコンドームを実現しました。しかし今日の実質賃金換算で1ダースおよそ34ドルとあって、平均的な労働者にとってはまだ手軽に使えるものではなかったのです。そのあまり洗って何度も使うことが一般的だったほどです。

ペッサリーが発売されたのは1882年で、次いで1909年に避妊リング（IUD）が導入されました。ラテックスのコンドームが発売されたのは1912年で、このおかげでコンドームはずっと安く、使い捨てできるようになったのです。

だからピルのせいでヤリまくるようになったんでしょ？

女性が妊娠時期を自ら管理できるようになるにつれて、婚外交渉のメリットはコストを上回ると考える女性が増えていきました。避妊手段とりわけ避妊ピルが手に入るようになったことがこの行動変化の直接的な原因と考えたくもなります。しかしそれに矛盾する事実があります。避妊技術が向上していたこの期間に婚外子は増えていたのです。

避妊技術の向上は確率的には性の乱れの「コスト」を下げます。経済学的に考えれば、婚前交渉のコストは、女性が妊娠したり性病に罹患する確率とそれに伴うコストの積と言えます。従ってそれらのリスクあるいはコストを下げることは何でも、婚前交渉のコストを下げるのです。

例えば、1930年代に、夫ではない男性と無防備にセックスし続けると85％の確率で妊娠したとします。さらに、もし妊娠してしまうと、婚外子を抱えた彼女は、収入の高い男性と結婚する機会を失うとします。妊娠していなかった場合に得られた伴侶の収入は5万ドルだったとします。この場合、無防備なセックスによるコストは次の通りです。

0・85（妊娠確率）×50000ドル（結婚によって得べかりし収入）＝42500ドル（無防備な婚前交渉の期待費用）

さて今度は、彼女が彼氏にラテックスのコンドームを使用するように説得できたとします。ラテックスのコンドームの失敗率（妊娠してしまう率）を45％とすると（1934年のコンドームの失敗率、コップの報告による）、婚前交渉の期待費用は次のように変わります。

0・45×50000ドル＝22500ドル

コンドーム使用によって、彼女の婚前交渉のコストは2万ドルも減ったのです。

経済学の常識ですが、価格が下がれば商品やサービスへの需要は増えます。だから対価を縦軸、量を横軸に描いた標準的な需要曲線は、右肩下がりのカーブになっているのです。従って避妊用具によって妊娠や性病罹患の確率が下がるにつれて、より多くの女性（もちろん男性も）が婚前交渉を選択するのは自然です。そしてもちろん、こうした女性の一部はやはり妊娠してしまいます。避妊具を使っても失敗率はゼロにはならないからです。実際、統計的に言えば、性的に活発な女性の45％は妊娠するのです。

避妊具の発達にもかかわらず、未婚で妊娠する女性の数は減っていません。むしろ劇的に増えているのです。このことが示唆するのは、性的な乱れには、個々の女性が避妊技術の効率に基づいて合理的な判断をしているかどうかを超えた何かがあるということです。

それを考えるために、2つの非常にシンプルな女性集団モデルを考えてみましょう。彼女たちはいずれも、婚外交渉を強く咎《とが》める風潮の社会に暮らしています。第1の集団は婚前交渉を避けていますが、それは道徳的理由ではなく、予期せぬ妊娠が怖いからです。2番目の集団はその逆で、妊娠が怖いからではなく、道徳的な罪悪感から婚前交渉を避けます。もちろん現実には、誰もが妊娠の恐れと罪悪感のいずれも少しは感じているものですが、説明の便宜のため割り切ります。

さて、禁欲的だったこれら2つの女性集団が、効果的な避妊手段を手に入れたとしましょう。婚前交渉はやはり恥とされますが、妊娠だけを恐れていた第1の集団の女性はもっと冒険的になる決断をし、比較的に乱れた小さな女性集団になります。するとやがて他の女性たちも、だんだんと乱れ始めます。妊娠のリスクが下がったからではなく、第1の集団の行動のおかげで、性の乱れが社会的に容認されるようになるからです。第1の集団が形成されたのは妊娠のリスクが下がったからですが、第2のグループは婚前交渉の引け目が薄れたからです。

だから、婚外でセックスをすることのリスクがより小さくなり、社会的に容認されるようになるにつれて、誰もがもっとセックスをするようになります。男女がセックスをすれば必ず妊娠の可能性がある限り、未婚の男女の間でより多くの性交が行われれば、婚外子の誕生は必ず増えます。この事実に、避妊技術の発達が結婚生活内での子供の誕生を低下させることを考え合わせれば、婚外子の割合の増大は意外ではないどころか数学的な必然です。

この項はジェレミー・グリーンウッドとネチ・グナーの研究に基づいていますが、そこでは経口避妊ピルの普及は婚前交渉の増大をわずかに促しただけとしています。彼らの推計では、2002年に性体験を持った未婚のティーンエイジャー（13歳から19歳の人口）75％のうち、避妊ピルのおかげでそうしたのは1％に満たないとされています。さらに、避妊技術を見くびるべきではなく、ピルはいくつかの避妊の選択肢の1つに過ぎず、それらのいずれもが社会的変容を後押しして、婚前交渉の増大につながったというのが彼らの主張です。

セックスのメリットはわかっている。ではコストは？

ジェーンの物語では、2つのはっきり異なった女性集団を見ました。第1の集団は、学歴も経済的展望もないに等しく、性の乱れのコストが低いために乱れていました。第2の女性集団は、教育程度も経済的自立性も高いが、コストが低いからではなく（むしろ非常に高いが）それを負担できるがために、性的に活発でした。

さらにこうしたコストには、育児に追われる日常の苦労は含まれていません。それは大変な苦労ですが、程度は人によって千差万別だからです。ここで議論しているコストは非常に具体的なものです。妊娠のために学業を修了できなかったコスト、もし妊娠しなかったら可能だった教育投資ができなかった男女が背負うコストです。こうしたコストは本書の物語で重要です。過去半世紀にわたって、性的乱れの広がりにつれて変化してきたからです。

何より重要な経済的要因は、大学教育の重要性の増大です。米商務省国勢調査局によれば、中等後教育（短大以上）に在籍する18歳から24歳の人の割合は、１９７３年の24％から２００９年の41％まで増えています。こうした就学率の高まりの大きな理由は、大学における女子学生の増大です。１９９９年から２００９年の間、フルタイムで就学する男子大学生の数はたった32％しか増えていませんが、女子大学生は63％も増えているのです。１９８８年からこの方、女性は大学生の過半数を占めています。過去40年の間、大学生のうち女性の占める割合は30％から60％へと倍増し、２０１０年には25歳から29歳までの女性の36％は学士号を取得しているのに対し、男性の場合ではわずか28％に過ぎません。

こうした着実な高学歴化は、その傾向についていけなかった（いかなかった）人にとって、甚大な影響を及ぼします。第1に、人口のうち大卒者の比率が高まることで、高卒以下の学歴者はますます社会進歩から取り残され、ある意味では低い評価を決定づけられます。雇用者も社員が大卒であることをますます期待するようになりますから、たとえその仕事が高卒者でも十分にできるものであっても、この烙印は職場にも持ち込まれます。その結果、高卒以下の学歴者は低収入の仕事か極端に未熟練な仕事しか得られなくなります。

未熟練職は、エコノミストが言う「フラット・アーニングス・プロファイル」、すなわち長く働いても収入がほとんど増えません。このため、未熟練の仕事では、育児に専念するために仕事を辞めるなどキャリアを中断しても、高学歴者ほど失うものはありません。高学歴者の場合は、育児休暇を取ると現状の賃金を失うばかりか、年功加算も失うので、将来にわたって収入が減る見通しになるのです。

教育ギャップが低学歴者に及ぼす2番目の負の影響は、熟練労働者と未熟練労働者の収入差は時間の経過につれて広がることです。企業は技術に投資しており、技術は熟練労働者の才能を補完する一方で、低学歴の未熟練労働者の使う技術を犠牲にしていくのです。そうなると熟練労働者の給与が増えるばかりか未熟練労働者の技術は陳腐化していくことになります。実際、1970年代半ばから1990年代後半までの間、高卒未満の労働者の収入は男性で30%、女性で16%減ったことを示す複数の推計があります。

雇用と生活賃金を稼ぐという両面で教育の重要性がそんなにも高くなっている以上、若い男女は学業の妨げになるあらゆる状況、例えば妊娠などを慎重に避けるようになりそうです。つまり教育がますます重要になるにつれて、青年層から若い成人層の間で婚前交渉や性の乱れは減っているはずです。現にそうなっていない理由は、多くの若者にとって、性体験をしようがしまいが学業を続ける展望が開けないことです。これはもちろん、高等教育は容易に与えられるものではないからです。

性の乱れと教育の関係については、ティーンエイジャーの性行動を扱う第7章でまた触れます。ここではヤングアダルト層がヤリまくっているのは、大学の学費が高いためと言えば十分でしょう。学費が高いと、若者は進学をあきらめて性行動を活発化しやすいのです。米国の10代の妊娠率が高等教育の学費がもっと安い他の先進国に比べてはるかに高い理由の仮説の1つです。

大学進学が高嶺の花である理由は高い学費のせいだけではありませんが、明るい展望が開けない学生にとって、性的に乱れることのコストは、高い教育と収入が期待できる学生たちより、はるかに低いのです。

かつて女性が婚前交渉を避けた理由の1つは、結婚する際に身持ちが悪い女と見られたくなかったからです。すなわち、この女は貞淑な妻にはならないかもしれない、ということです。婚前交渉は当たり前になったかもしれませんが、結婚できるかどうかの見通しはいまだに未婚の男女の性的選択にとって一役担っています。

［コラム］買春市場はリスクをいくらに値付け？

買春市場についてのエコノミストの観察によれば、無防備な（つまりコンドームを使わずに）セックスをすると性病の感染リスクが非常に高い場合には、そのサービスの価格はとても低いものです。これは意外に思われるかもしれません。そもそもセックスワーカーは、性病感染のリスクにさらされることの対価として料金を受け取っているのではないでしょうか？　ですがこのリスクと価格との関係については、まっとうな経済学理論で説明がつくのです。

無防備なセックスの買い手1人に対し、2人の売り手がいたとします。1人の売り手は性病は絶対に持っていないとわかっていたとします。もう1人については性病罹患者で、無防備なセックスをするとうつされるとわかっています。さて、彼はどちらの売り手に対して、無防備なセックスの対価としてより高い価格を支払うでしょう? 感染リスクのない方に決まっています。実際、性病をうつされそうな相手にいそいそとお金を支払う人がいるはずがありません。

不思議に思われるかもしれませんが、性病罹患率の高い環境で価格交渉をする際には、自らがコンドームを使いたがらないにもかかわらず、高いリスクを引き受けることの代わりに値引きを要求できるのです。

供給サイドから言えば、感染の危険が高まる無防備なセックスに応じるにはそれだけ高い対価が必要なはずです。これは、感染していない売り手についてはその通りです。実際、その売り手はそんなリスクを引き受けるわけにはいかないので、コンドームを使ったサービスしか引き受けられないでしょう。しかし既に病気を持っている売り手は、安価に無防備なセックスに応じられます。いまさら感染のリスクを気にする必要はないからです。

買春者は、「値段相応」という言葉を覚えておくべきです。あるいは、セックス市場では、コンドームさえ使っていれば避けられたかもしれないものをもらってしまう、ということかもしれません。

［コラム］幸せなセックス、不幸なセックス

この議論を通じて、性の乱れには何らかのメリットがあることを前提にしてきました。何もメリットがないのなら、リスクを取る意味がないからです。それなら、より多くのセックス・パートナーを持つ人はそうではない人よりも幸せなのかと考えてみる価値がありそうです。エコノミストのデビッド・ブランチフラワーとアンドリュー・オズワルドは、この点を研究しました。1万6000人の米国人を対象に幸福度を3段階で自己評価してもらい、性行動が活発になっても幸福にはならないことを見出したのです。

誤解しないでください。セックスは人を幸せにしますし、より多くセックスをするほど人は幸福になります。セックスは特に他のどんな活動にも増して女性を幸せにするのです。さらに高学歴の女性は低学歴の女性に比べて、セックスによってよ

り幸せになります。老若による違いはありません。レズやゲイでもセックスがもたらす幸福度に異性愛者との違いはありませんが、わずかに多くのセックス・パートナーを持つ傾向があります。

要するに、より多くのセックスをすることは人々を幸福にはしますが、より多くのセックス・パートナーを持つことは幸福には結び付かないということです。最も幸福な人は一人だけのセックス・パートナーを持つ人であり、過去12カ月間に、より多くのセックス・パートナーを持った人ほど幸福度は低いとこの調査は報告しています。

もちろん、この調査が何を捉えているのか、本当のところはわかりません。例えば不幸な結婚生活を送っている人は不貞を働きやすそうですから、その結果、より多くのセックス・パートナーを持つことになるかもしれません。彼らは必ずしも性的に乱れているから不幸なのではなく、不幸であるからこそ不倫に走っているのかもしれません。過去1年間に次々と相手を替え続けている人は性的に乱れているように見えますが、不幸であることを責められるでしょうか?

より多くのセックス・パートナーを持つことが幸せにつながるかどうかを本当に明らかにするのは、実際に人はしばしばそうしているという事実です。この証拠は顕示選好と呼ばれます。ある人がより多くのセックス・パートナーを持つことは、他に取り得た選択肢よりもその体験のコストを支払うことを選んだことを意味するからです。

そしてそれは、彼らがそんな選択を後悔しないということを意味するわけではありません。失望は彼らが進んで取るリスクの1つに過ぎないというだけのことです。

子持ち女性（あるいは男性）はご遠慮ください

出会いサイトで10分も過ごせば、シングルマザーは相手にされないと確信するでしょう。「『子持ちの女性お断り』ってちゃんと書いてあるだろ?」という書き込みを、私は一再ならず見ています。

私は女性のプロフィールはそれほど読みませんから、女性もこれほどあけすけかどうかは知りませんが、多くの女性、とりわけ若い女性が子持ちの男性とはデートしたがらないことはよく知っています。父親であることは、そうではない場合に比べて、生活資源も2人の関係に割ける時間も少ないことを示唆しているのです。

ある友人が私に語った言葉を借りれば、「私に割くはずのお金を子供たちのスキーウェアに使わなければならない男となんかデートするわけないじゃない」です。

ましてその子供たちが遊び半分の関係から生まれたのなら、連れ子に偏見のない人でさえ気が変わります。未婚や行きずりに子供を作る女性は、将来の夫候補からは、身持ちの悪い妻になりそうに見えるのです。さらに再婚候補の女性から見ると、相手の男性に連れ子がいると、二人とも身持ちが悪いあげく、いやいや責任を取らされているかに見えます。

将来の結婚生活に影響しかねないことですから、身持ちの悪い相手を敬遠するのはもっともです。となれば実際に性行動が活発化しているのは、どう行動しようが結婚の見通しなど立たないとあきらめているか、結婚など遠い将来のことなのだから若いうちに遊んでもたいしたことはないとたかをくくっているかです。

序論で述べた通り、現在の若年層は総じて、結婚は必ずしも将来の幸福を保証しないと考えています。ピュー・リサーチ・センターの調査では、19歳から29歳までの結婚歴のない人々のうち、いずれは結婚したいと回答する人は66%に過ぎません。ですが、こうした人の大半はいずれ結婚します。過去数十年の間、米国民のうちいずれ結婚する人の割合は90%程度で非常に安定しています。しかし過去半世紀の間、結婚率（ある時点で結婚している人口の比率）はあらゆる人口属性で下がっています。

そして最も結婚率の低下に影響されている人口集団は未熟練労働者、ひいては低所得者層です。前回の性の乱れのコスト計算の例に戻るなら、女性に48%の結婚可能性しかないとすると、たとえ予期せぬ妊娠による連れ子がなかったにしても、性の乱れの期待費用は次のようになります。

０・45（妊娠確率）×０・48（結婚可能性）×５００００ドル（結婚によって得べかりし収入）＝１０８００ドル（無防備な婚前交渉の期待費用）

効果的な避妊技術の改善がなくても、彼女にとって婚前交渉の期待費用は半分以下になり、高収入の男性と結婚するために処女を守る可能性は低下します。

もちろんこれは単純化した考え方ですが、これから論じる様々な要因も、男女をヤリまくらせるものばかりです。例えば、20代後半から30代前半頃まで結婚できそうにないと思えば、男女ともに複数の婚前交渉の相手を持つようになります。今では離婚も容易となると、純潔性などの特徴を生涯の伴侶に求める必要性も減ります。いつ離婚されるかわからなければ、貞操の義務も強《し》いやすくなるからです。ヤングアダルト層の意思が尊重されるようになると、性的パートナーとの結婚を家族から強いられることは減り、配偶者には向かないがセックスの相手には向く相手とほしいままセックスできることになります。

婚前期に若者が親元を離れる（例えば高等教育を受けるために）という事実だけでも、親の監視や婚前交渉にまつわる引け目が軽減されるため、性の乱れにつながりやすいものです。

かてて加えて他の要因もあり、危険な性的行動を容認する風潮を生みます。しかし異性愛者の間で性の乱れが昂進している一方で、性行動が沈静化している集団もあります。ゲイの人々です。

同性愛の恋物語

同性愛への社会的な容認が進むにつれて多くの国で婚姻法が改正されているおかげで、ゲイの男たちはカジュアル・セックスを減らし、しっかりした恋人関係を選択するようになっているようです。

1996年、米国でギャラップ社が行った調査では、68％の回答者が同性間結婚にも通常の婚姻関係と同等の権利を与える法改正には反対していました。それからわずか15年後、この反対は44％にまで減り、総じて同性愛に寛容になっています。例えば、成人の男性同士の性的関係は何も問題ないと回答する人は、1991年には15％だったものが2010年には43％へと増えています。

米国では同性愛への受容性は個人間によってだけでなく州ごとにも異なります。どんな人が同性愛を容認するのか、あるいはしないのかについては、第6章でまた扱います。ここで扱うのは、州によって同性間での婚姻をめぐる州法や同性愛関係に対する受容度に温度差があることは、エコノミストが次の仮説を試す機会になっているということです。同性間の関係により寛容だったり同性婚を認める州では、同性愛者は乱交を手控えるようになるのかどうか、です。この点については、幸いにもアンドリュー・フランシスとヒューゴ・ミアロンが研究してくれています。

彼らはこの仮説を、同性愛関係に不寛容な州の方がより多くのハッテン場を持つかどうかを調べることによって証明しました。ゲイ雑誌で紹介されている、行きずりの関係が期待できる公園、ビーチ、トイレなどの公共スペースを調べたのです。その結果、同性愛に対する受容性が20％増すにつれて、州内のハッテン場はおおむね4カ所減ることがわかりました。さらに、同性婚を認めない州では、ＨＩＶ罹患率は10万人当たり3人から5人増えることがわかりました。

異性間では婚前交渉の罪悪感が薄らぐにつれてヤリまくるようになっていると論じただけに、釈然としないかもしれません。同性愛が容認されるようになると、なぜ彼らの性行動は控えめになるのでしょう？　理由は2つあります。1つはそれまでもゲイであることを公言していた人々の行動が変わること。もう1つはそれまでは性的指向を隠していた人々がカミングアウトするようになったことです。

すでにゲイとしてのライフスタイルを送っていた人にとっては、同性愛が容認されると、さもなければ課せられていたコスト（随伴的に収入が低いなど）なしに決まった相手と長期的な関係が持てるようになります。またそれまでセックスしなかったり異性愛者を装っていた男性にとっては、ゲイであることを公言できるようになります。

つまりゲイ・コミュニティにおいては、同性愛にまつわる嫌悪が薄らぐにつれて、さもなければヤリまくっていたであろう人が決まった相手との関係に落ち着く可能性が高まり、もともと淫乱ではなかった（家庭志向であるなど）人がいそいそとゲイ生活を送るようになるから、性の乱れは減っているのです。

最後に

バーでの出会いから始まり、2日酔いを抱えてハイヒールの千鳥足で朝帰りすることで終わるような物事に、行動の合理性を当てはめすぎているのではと思われることは承知の上です。全ての男女がセックスの度に、それどころかかつて一度でも、このヤリまくり数式を当てはめて判断しているのだとは言いません。経済学で重要なのは、人々があたかも費用対効果を高めるがごとく行動することです。例えば人は必ずしもヤリまくりの期待費用を計算しているわけではないかもしれませんが、経済学的要因がコストを変えると、それまでとは違った行動をとるようになるのです。

経済学的アプローチをとれば、どうして20世紀に性の解放が進んだのかだけでなく、所得格差の増大が貧しい女性の予定外の妊娠率の高まりにどのようにつながっているのかを理解しやすくなります。彼女たちはまるで、一家の大黒柱になれる伴侶を得られそうにないこと、大学に進学して報われる職を得られる可能性が低いこと、それなら行きずりでリスクあるセックスをするメリットが期待費用を上回ることを、見通しているかのように振る舞います。

収入や教育程度などの経済学的要因を考慮することも、避妊技術の普及がもっぱら今日の性の乱れをもたらしたのだと考える過ちを防いでくれます。避妊技術は歴史的に社会の変容を促し、それが現代社会につながった面があるかもしれず、とりわけ女性にとってそうかもしれませんが、現代の性行動をもっぱら避妊技術のためと決めつけるわけにはいきません。このことは特に重要です。避妊技術がこれ以上効果的になることはなさそうである一方、経済学的要因は常に転変しているからです。特に所得配分や高等教育へのアクセスに影響する政策の変更などです。

高等教育といえば、いまや学費の高騰が大問題となっています。学生の行動は、他の層と同じく、避妊技術の普及や社会変容に影響されています。彼らは教育に投資しているからこそ、時宜を得ない妊娠をはじめとする学業完遂を妨げ高くつく出来事をますます避けなければならなくなっています。そんな心配が、奔放な性行動を抑圧しているのでしょうか？　もちろん違います。奔放な性生活を送っている層といえば、大学生に他なりません！　少なくとも、彼らはそう言っています。

〔コラム〕ヤリまくると国が栄える？

国によって性の乱れの程度には大きな差があります。進化生物学者デビッド・シュミットの48カ国にわたる研究では、最も性的に活発な国フィンランドでは、最も控えめな地域である台湾よりも、2・5倍以上もヤリまくっているとされています。私もエコノミストとして、性的活発度の違いが国民所得と相関性があるのかどうかに興味を持たずにはいられません。

社会心理学者ロイ・バウマイスターの研究によれば、男女が平等な社会ほど性的活発度が高いことが報告されています（性的活発度は、性的パートナーの数、一夜限りの関係が多いこと、初体験の年齢が低いこと、婚前交渉に対する受容度などが指標）。そして性的平等性と国民所得に強い正の相関性がある以上（女性の自立度が最も高い国は世界で最も豊かな国々です）、私の推論には妥当性があります。

ではどうして、国の豊かさと性的活発度の間には相関性がありそうなのでしょう？　セックスを楽しむことは、豊かな国々だけで許される贅沢であるというだけのことなのかもしれません。生活水準が低ければ、複数の性的パートナーを探すよりも他のことに追われるのは当然です。

ですが、どんな国にも豊かな人と貧しい人がいることを考えると、これは正しい推論ではないでしょう。もし高収入が活発な性行動をもたらすのなら、同じ国でも豊かな人は貧しい人よりも性的に活発であるはずです。そして総じて、そんなことはないのです。

私の思うところ、この問題はそもそも国を豊かにした原因は何かということに帰着します。そしてその理由の一端は、豊かな国ではしっかりした法の支配や社会通念が革新的な活動を促したのだというものです。

例えば、経済成長を促す国民性には、新たな考えに対する開放性、信頼、そしてリスクをいそいそと取ることなどが挙げられます。同じ国民性が、一方では国を豊かにし、他方では性的な活発度をもたらしているのかもしれません。つまるところ、見知らぬ相手とのセックス以上に、信頼が必要でリスクのあることなどあるでしょうか？ おそらく高い国民所得がヤリまくりにつながったのではなく、自由な社会では高収入と活発な性生活のいずれにもつながるということのようです。

Chapter 2

出会いの大学時代

Hooking Up in College

婚前交渉の先駆者を自任する学生たち

これは誇張ではなく、それどころか、そんなことはないのだと教えてやった学生たちでさえ、たしかに自分たちは初めて婚前交渉した世代ではないかもしれないが他の誰よりもヤリまくっていると言います。そこで大学生は同世代の中でも性体験の頻度が平均して低いという証拠を示してやると、彼らは猛反発します。彼らの証拠？　大学生がサカっているのは常識です。時には、この子たちヤリたくて在学しているのかなと心配になるほどです。

こうした認識のゆがみには、2つの理由が考えられます。第1に、私の「セックスと恋愛」を受講する学生たちは、学生全体の標準ではなく、最もヤリまくっている学生たちなのかもしれません。とはいえ、彼らにじっくり事情を聞いたところ、どうやらそうではないようです。第2のより説得力ある仮説は、私のクラスは男子学生が多すぎるということです。(3) そして現在、かつてのどんな時代に比べても、大学のキャンパスはセックスを求める若年男性にとってまたとない場所なのです。

大学生活のセックス市場に経済学がどう影響しているのかについて、こんな物語があります。ある木曜日の夜のこと。いまや木曜日と言えば、第2の金曜日というべきで、もはや週末気分で気もそぞろです。女子学生のグループが、気分が弾けまくっている学生でいっぱいのバーに行きました。そのバーは未成年者でも入れましたが、彼らには酒を出さなかったので(女子学生のグループには成年も未成年もいました)、彼女たちはバーに出かける数時間前からシェアしている家のポーチで酒を飲んでいました。そのあげくすっかり酔っており、おおむね自分たち同士で踊っていました(バーはキャンパスと同じで女性の方がはるかに多かったので)。

彼女たちは友人同士でしたが、遊びに出かける目的はそれぞれ違っていました。酔いを口実に誰かとデキちゃいたいと思っている娘もいました。コナをかける男たちには目もくれず、女同士でツルんでいたいだけの娘もいました。男の目を引きたいのは山々だけど、それは今夜限りの関係を求めているからではなく、ちゃんとつきあう彼氏を求めているからだという娘もいました。

この物語の主人公サラは最後のクチでした。カジュアル・セックスが嫌だからではなく、友人同士の飲み会から始まった夜が破滅的な結果をもたらしかねないことが骨身に沁みていたからです。

彼女がそれを学んだ事始めは1年前、入学したばかりで新たな友人たちとまさに同じバーで気分良く飲んでいた時です。トイレに向かった時、ある男が彼女の腕をつかみ、バーへと引き戻しながら「まだ飲めるだろう」と言いました。彼女はひどく酔っており、男はとてもハンサムだったので、にっこり笑顔で応じる他ありませんでした。何杯か飲んだ後、男は君の家にしけ込もうぜと口説き、彼女も異存はありませんでした。そして気が付くと、彼女は寮の部屋で他のみんなもきっとやっているんだろうと思うことをやっていました。他人同然の相手とのランダムなセックスです。後で思い出すのは、「コンドーム持ってる?」と相手に聞き、返事は「気にすんなよ」というもので、彼女はそのアドバイスに従いました。ほどなくして意識は薄れ、かすかに覚えているのは、男がドアの前でジーンズを引き上げながらクレジットカードをバーに忘れて来ちまったとこぼしている姿でした。

翌朝にガンガン痛む頭で気が付いたのは、男の名前はおろか、それまでキャンパスで会ったこ

(3) カナダの大学生のうち男子が占める割合はわずか42%に過ぎないが、諸般の理由によって、私の「セックスと恋愛の経済学」受講者の66%は男子学生である。

ともない相手だったことでした。彼女は出来事を笑って済ませようとし、セックスのことは覚えていませんでしたが、友達には男が引き締まった体つきでハンサムだった、だからきっと私も楽しんだに違いないわと話しました。内心では年配で経験豊かそうな男が、他のもっとセクシーな女の子たちをよそにバーで自分を選んだこと、大学生活にすんなり溶け込んでいることを、誇りに思っていました。

最初の中間試験の日、目が覚めるとまるで前日にフルマラソンでも走ったかのような気分でした。週末はずっと試験勉強をしたので、寮の友人たちのように一夜漬けはせず、しっかり睡眠をとったのでした。どうやらその甲斐も空しく、疲れは取れていないようでした。カフェテリアのコーヒーを外のベンチで陽にあたりながら飲んでいると、これはただの疲れじゃない、何かがおかしいと直感しました。試験までは数時間あったので、詰め込み勉強用の虎の巻を手に診療所に向かいました。1時間もしないうちに問題を抱えていることがわかりました。自分自身よりも妊娠という不幸な検査結果を告げなければならない役回りの看護師を、後に気の毒に思ったほどでした。

中間試験の日に妊娠3週間ということは、中絶のために宿題を4週間はできないこと、そして試験に落第することを意味していました。成績不良の理由となる妊娠の証明書も取れませんでした。何より、恥ずかしくて請求できなかったからです。その学期は、予定とは違い、期末試験を終えて友人たちと遊びまわるのではなく、手術を受けてひどく落ち込む結果になって終わりました。

木曜の夜、サラはまた同じバーに同じ仲間たちと繰り出していました。友人たちは2年生になっていましたが、サラは慈悲深い学長のおかげで1年生をやり直していました。もう失敗を繰り返すつもりはなく、酔いにまかせた一夜限りの関係以上の出会いを求めていました。でもリスクの低いセックスはしたかったので、ちゃんと予防措置を講じてくれる彼氏を求めていました。

そこで彼女が直面した問題は、いまやキャンパスでは男子学生よりも女子の方がずっと多いという事実です。この事実は、彼氏を見つけるのが難しくなっているということだけでなく、身持ちの固い女性と付き合う男性を見つけられないことも意味します。今夜誰かと出会っても、数時間のうちにセックスに応じなければ、その男に見切りをつけられてしまうからです。彼女のキャンパスでは独り身の男をめぐる競争は非常に激しく、他の女の子がいそいそとそのリスクを取るため、男の側はカジュアル・セックスのリスクなどろくに考える必要もないのです。特にこうして、ビールをガブ飲みしてリスクなど頭から流し去っている時には。

もしサラが私の授業をしっかり聴講していたなら、きっと大学では女子学生が多すぎてセックスの値打ちが下がり、事実上、買い手市場になっていることがわかったでしょう。また学生の泥酔と妊娠には強い相関性があることもわかったでしょう。もっともこの点については、私に言われなくても骨身に沁みたでしょうけれど。

ヤリヤリ君学生にとっての買い手市場

学生たちのもう1つの誤解は、男子学生は女子よりももっとセックスしているというものです。そんなことはないと思います。私自身は信じません。では、どうして大学では男子学生がセックスの値打ちを下げて買い手市場になっていると言えるのでしょう? 女子学生が売春しているからではありません。男性の方が複数の相手とヤリたがる一方で、女性は自分のセックスパートナーともっとしっかりした関係にあると思いたがるからです。この文脈においては、セックスの「価格」とはセックスパートナーの男性が女性を大事にしてくれそうな保証の程度になります(その意味は個々の女性にとっていろいろでしょうが)。

もし男性の方が複数の性的パートナーを持ちたいと思っているかどうかを知りたければ、次のような調査をすればよいのです。手当たり次第に「今後2年間でできれば何人の相手とセックスをしたいと思っていますか?」と聞くことです。男性の方が、女性よりもずっと多くの相手を望んでいることがわかるでしょう。かつて行われた同種の調査では、女性が平均して1人と回答したのに対し、男性側は平均して8人と答えました。同時期に複数のセックスパートナーを持ちたいかという設問に対しては、米国民構成を反映した被験者のうち男性の42%がイエスと回答したのに対し女性の場合はわずか8%でした。(4)

統計的に見て、女性は男性のように恋愛にバラエティは求めていないのです。これについては、第8章で不倫を論じる際にまた扱います。

代替的に、「誰かとセックスするまで、どれだけ時間をかけますか?」と聞いてもいいでしょう。女性で5分と答える人はほとんどいないと思いますが、ある調査では多くの男性がこともなげにそう答えたものです。女性で最も多い回答は6カ月でした。先の全国反映標本調査では、31%の男性が行きずりの相手とセックスするのは楽しみだと答えたのに対し、女性でそう答えたのはわずか8%に過ぎませんでした。

キャンパスで女子の方が多いと、単に数の上で女性があぶれやすくなるばかりか、男性が優位に立って男女関係の性質を変えてしまうのです。

様々な米国大学の学生データをもとに、社会学者マーク・レグネラスとジェレミー・ウェッカーは、女性比率の高い大学では女子学生はデートやセックスに対して好ましくない態度を示しがちなことを見出しました。

女子の方が多い学校と男子の方が多い学校を比べて、彼らは次のように結論しています。学生のうち女子比率が47%である学校では、在学中に彼氏を持ったことのない女子学生の69%が処女であるのに対し、女子比率60%の学校では54%に減ります。恋愛対象になる男が少ない学校の方

(4) 調査結果はドナルド・コックスの要約による。

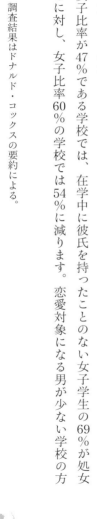

が、特定の彼氏のいない女子学生は性体験を持ちやすくなるのです。

在学中に少なくとも1人の彼氏がいたことがあるという女子学生の場合でも、性的に活発な人とそうではない人のギャップは同様に大きいのです。男子学生の方が多い大学の場合、こうした女子学生の45％が処女ですが、その逆の場合、処女の確率はわずか30％しかないのです。

現在の彼氏が性的関係に入ることを待ってくれそうな場合でさえ、この比率は変わりません。女性の方が多いキャンパスではそうした女子学生の17％しか処女ではありませんが、その逆の場合は30％が処女なのです。

これらのエビデンス（証拠）が示していることは、男子の方が少ない場合には、女子学生は彼氏にセックスを待たせられなくなるということです。

こうしたエビデンスを見れば、女子学生の方が多い学校ではカジュアル・セックスもより盛んであることに驚きはないでしょう。例えば、女性の方が多い学校の女子学生で、かつて彼氏がいたがいまは独り身である女子学生のうち過去1カ月以内にセックスをした経験がある学生は27％いるのに対し、その逆の男女比率ではわずか20％です。男が相対的に少なくなると、独り身の女性はより性的に活発になるのです。

女性の率が減ると、伝統的なデートはそれ以上の比率で増えます。女性の比率が1％減るだけで、彼女たちが6回以上デートをする確率は3・3％も増えるのです。

女性が多くなると伝統的なデートはぐっと減り、その場限りの関係がはるかに多くなることがわかります。さらに、この研究者の近著で明かされているのは、そうした状況では、より多くの女性が嫌な性行為をしたり、自分の望む以上の回数の性体験をしていることです。

私は、セックスをするタイミングや性行為の内容のいずれについても、女性の方が多い学校では女子学生は交渉力を失っているのだと解しています。

［コラム］見知らぬ相手とのランダム・セックス

セックス・パートナーにバラエティを求めるのは男性の願望であり、彼らが匿名的なセックスにいそいそと参加することは、世界のセックス取引を促しています。ですが、そもそもセックスの市場が成立する理由は、総じて女性は見知らぬ相手とのセックスには金員の支払いを求めるからです。男性はセックスに対して支払いは求めませんし、仮に求めたとしても、女性の側が払いたがりません。

この事実が、女性を買い手とするセックス市場が事実上存在しないことの説明です。

見知らぬ相手との大学生の性行動意向についての私が知る最も優れた調査は、１９７０年代後半と１９８０年代前半に行われたものです。賞味期限切れの調査に見えるかもしれませんが、これ以上の好機はありませんでした。セックス革命の最盛期でしたし、AIDS前夜であるということはまだあまり知られておらず、したがってカジュアル・セックスに対する意識が変わっていない頃だったからです。

この調査では、そこそこ魅力的な男女がキャンパスを歩きまわっては異性に近づき、「何度かキャンパスで見かけました。あなたは、とっても魅力的です。それで……」と話しかけました。そこから先は、次の3つの選択肢を示したのです。1つ目は「今夜、食事しない?」2つ目は「私のアパートに来ない?」、3つ目は「今夜一緒に寝ない?」でした。調査員は男女とも魅力的だったようです。夕食の誘いに対しては50%以上がイエスと答えたのですから(女性の56%、男性の50%)。面白いのは、問いかけがより性的になるにつれて、男性ではイエスが増え、女性では減っていったことです。驚いたことに、見知らぬ女性とセックスしたいと回答した男性は、食事に行きたいと考えた男性よりも50%も多かったのです。そしてそれにノーと答えた被験者(わずか25%)でさえ、そう回答したことを後悔していました。ハンサムだが見知らぬ相手とのセックスに同意した女性は1人もいませんでした。1人もです。

女性が見知らぬ相手とのセックスを嫌っているわけではありません。その点では男性と変わりません。でも、それだけでは女性向け売春宿が繁盛するほどの需要にはならないのです。何しろ、無料のセックスのオファーを断る女性たちが、どうしてそれにお金を払うわけがあるでしょうか？

アルコールとセックス

サラたち女子学生がバーで過ごした夜は、性関係をめぐる男女の交渉力以上の意味がありました。大学生がヤリまくっている理由の一端は、ガブ飲みにあります。その程度については、経済学者ジェフリー・デシモンの研究が参考になります。米国の１３６校の中等後教育（短大以上）機関から集めたデータに則《のっと》り、デシモンはガブ飲みが大学キャンパスで危険な性行為を増やす主要な原因であることを発見しました。

この調査によると、過去数カ月にガブ飲みをした学生は46％、そして過去3カ月にセックスをした学生は60％、複数のセックスパートナーを持ったのは12％と報告されています。多くの学生がセックスの際に慎重さを欠いていたと認めています。過去1カ月にセックスをした学生の65％はコンドームを使いませんでした。そしてサラの物語を誇張と思う人のために付言すると、10％の被験者が過去に妊娠したことがあるか、誰かを少なくとも一度妊娠させたことがあると答えています。

学生がどれだけ性的に活発かを決定づける因子は何でしょう？　アルコールです。全学生のほぼ半分がガブ飲みをしており、彼らは残り半分に比べてはるかに危険なセックスをしがちです。例えば、コンドームを使わずにセックスする確率が20％高く、94％が複数の相手とセックスをします（ちなみに必ずしも同時にというわけではありません）。

ガブ飲みは学生を性的に乱れさせるのですが、では何がガブ飲みを促しているのでしょう？　サラと友人たちがバーに行く前に下宿でガブ飲みをしてでき上がっていたのは、法律によって未成年者はバーでの飲酒を禁じられているので自宅でガブ飲みしてから遊びに繰り出すからです。実際、２００８年７月以降、米国の１３５の大学や短大の学長や総長が、21歳未満には酒を出さないという現行の法律の制限年齢引き下げの請願書に署名しています。この法律のために、若者たちが隠れて危険な飲酒行為に走っているからです。

さらにガブ飲みを促す経済的要因もあります。酒類の価格です。酒類の価格は、人々の飲み方ばかりか、酔っている時の彼らの行動にも影響するのです。

［コラム］学費はカラダで払う？

はるか昔、私がまだ学部生だった頃のお話です。私は友人たちと地元のバーによく繰り出していました。そこには安いロング・アイランド・アイスティーがあったからです。ストリッパーもいましたが、私たちの誰も別に気にしていませんでした（私たちの目当ては、単に安いドリンクだったのです）。そんな日々に終わりがきたのは、仲間の男子がステージに登場する女の子を見て恐怖の表情を浮かべたときでした。彼は椅子にへたり込みながら「あの娘、俺の研究パートナーだよ！」とつぶやきました。

性産業で働いて学費を払うというのは、おそらく一般に思われているよりもはるかに一般的なことです。売春、ストリップ、ポン引き、エスコートクラブの電話応対、売春婦の送迎兼護衛係……学費稼ぎのために学生はいそいそとそんな仕事をします。

リーズ大学の研究者らも、こんな考えを裏付けています。彼らは1年をかけて英国のラップダンサー（訳注：お客の膝の上でストリップをしチップを稼ぐダンサー）300人に取材をし、彼女たちの4人に1人が大学を卒業しており、3人に1人は何らかの教育を履修中（大学院の学費を稼ぐためにラップダンシングをしている6％の娘たちを含め）であることを突き止めました。他にもベルリン・スタディ・センターによる3200人の学生を対象にした調査で、4％の学生が風俗産業で働いて学費を支払っていることがわかっています。さらに、ベルリンの学生の33％、パリの学生の29%、キエフの学生の18・5%は、学費のために風俗産業で働くことを考えています。

米国のあるウェブサイトでは、パトロン候補の男性と、愛人志願者を引き合わせるサービスを提供していますが、愛人志願者が連絡先に大学のeメール・アドレスを登録するとアカウントをアップグレードする特別サービスを実施しています。在ニューヨークのそんなあるサイトでは、登録してある80万人の候補者のうち、35%は学費を売春で賄おうとする大学生だとしています。

不特定の相手との性交が学生の生涯賃金や結婚の可能性に深刻な影響を及ぼすとするなら、性風俗産業への従事は、全くあらたな面をもたらします。性産業が、他の未熟練労働に比べてはるかに多額の収入になるのはなぜか、ということです。

1ドル・ドリンクと危険なセックス

2007年12月、ノヴァ・スコシア州ハリファックス市は、相次ぐ学生の乱暴狼藉を受けて、市全域で酒類の最低価格を決め、バーで人気だった1ドル・ドリンクを禁止しました。バーの閉店後に学生たちが路上で騒いだり喧嘩したりするのをやめさせるためのものでした。一方、この法律が危険な性行動を減らすことを示唆する経済学的研究もありました。私は、本当にこの法律が特に大学生を対象に危険な性行動を減らすのかと疑問に思いました。

危険な性行動を減らすためにアルコール価格を上げるのなら、次の各要素が前提条件となります。

1　飲酒時により危険な性的行動に出る人々がいる。

2　アルコール価格が上がれば飲酒量を減らす人々がいる。

3　アルコール価格が上がると飲酒量を減らす人々と、飲酒時に危険なセックスをする人々が重なっていなければならない。

右記のうち、第1の要素は既におわかりでしょう。こと学生についていえば、飲酒は性の乱れを助長するばかりか、コンドームなしのセックスや予定外の妊娠につながりやすいのです（性病については、もう少し後で扱います）。

第2の要素については、経済学的解釈が必要です。酒類の価格が上がると飲酒量が減るという場合、経済学的には価格弾力性があるといいます。ですが、アルコールは全ての人にとって価格弾力性があるわけではありません。例えば、高収入の人はおそらく酒の値段が1ドルかそこら上がったからといってさほど飲酒量を減らさないでしょう。価格弾力性は、収入の他に代替手段にも関わっています。この場合なら、バーで酒を飲む代わりになることがあるのかどうかです。そしてそれには、店で安い酒を買ってガブ飲みし、でき上がってから街に繰り出すという完璧な代替手段があるのです。

学生たちに十分な所得があってバーの値上げなど気にせずにいられるか、あるいは自宅で飲むという安価な代替手段が取れるのなら、バーの酒の価格を上げたからといって泥酔を減らすことにはならないでしょう。そして酒の価格が泥酔を減らさないのなら、乱痴気騒ぎや危険なセックスが減る期待も持てません。

最後の要素は、価格のために飲酒量を減らす人物が、危険なセックスをする人物と同じであるというもの。既述の通り、私が教えている学生たちは、自分たちほどセックスをしている人々はいないと思っています。彼らの見方が正しいかどうかはともかく、学生とりわけ女性比率の高い大学の学生たちは性行動が活発です。

となれば、問題は学生は酒の価格が上がれば飲酒量を減らすのか、彼らの飲酒量の変化は性的活動にどう影響するのか、です。

カナダのエコノミストであるアニンドヤ・センとメイ・ロンによる最近の研究では、この点を探るために、ビール価格と性病罹患率の関係を調べています。その結果、ビール価格が1％上がれば淋病とクラミジア感染症が0・8％減ることがわかりました。したがって、カナダではビール価格を上げれば危険な性行動は減るようです。

ハレル・チェッソン、ポール・ハリソン、ウィリアム・カッスラーらも、米国のデータを使って、アルコール価格が上がれば飲酒量の減少と危険な性行動のいずれもが減ることの、驚くべきエビデンスを見出しています。彼らは州によって酒税の税率が違うことを利用し、酒税が1ドル上がるたびに淋病が2％減ることを発見し、ビール6缶パック当たり酒税をわずか20セント上げるだけで淋病が9％、梅毒に至っては33％も減ることを突き止めました。

こうした調査結果から推計すると、米国ではビール6缶パック当たりわずか20セント酒税を上げるだけで年間にＨＩＶ新規感染者を３４００人、骨盤内炎症性疾患に起因する不妊を８９００件、子宮頸部がんを７００件も減らせることになります。

これについて最後に、３つ目の調査結果も紹介しておきましょう。ビサカ・センによる研究では、ビールの酒税を上げても青年時出産数には影響しないものの、酒税を１００％上げると10代の中絶数を7％から10％減らせるとしています。小さな率ですが、望まぬ妊娠数については大きな意味のある数値です。

ただし、こと大学生の行動については、アルコール値上げが人口全般に及ぼすほど大きな変化をもたらすかどうかについて、少し懐疑的になる必要があります。理由は、先述の所得と価格弾力性――価格が1％上がった際の需要の変化率――のためです。

大学生の所得は高くはないかもしれませんが、消費パターンは、もっと所得の高い人々のそれに似る傾向があります。理由は、大学生は将来良い収入が得られる見込みが高いため、同程度の収入層に比べて現在の消費が多いからです。いわば未来の所得を先食いするのです。この点から私は、酒の価格を上げたところで、学生たちは、自分たちと同等の所得層の人たちほど飲酒量を減らさないのではないかと考えるのです。

もし大学生がバーでの飲酒量を変えない、あるいは自宅でしこたま飲んでから街に繰り出すのであれば、酒類の価格を上げても彼らの性行動にあまり影響を与えないことになります。

昨年、私は学内で心理学研究の被験者を募るポスターを見ました。惹句《じゃっく》にいわく「あなたはどうして飲むのですか?」その下には、おそらく学生のいたずら書きでしょう、「ヤルため」と書き殴られていました。

ここから3番目の疑問がわきます。学生は酔っていたからバカな選択をしているのではなく、バカな選択ができるように酔っているのではないかということです。もしそうだとすると、問題は酒への需要にどれだけ価格弾力性があるのかではなく、酒類の値上げが関わる酔っぱらいセックスへの需要にどれだけ弾力性があるのかということになります。セックスに高い市場価格が付いていること(例えば性風俗産業で)を考えると、酒1杯を数ドルほど値上げしたところで、酔った上でのランダム・セックスの費用をいそいそと支払える人がそれを手控えることはあまりないでしょう。

〔コラム〕お色気教授とサカった学生たち

大学の教授なら男女を問わずわかっていることですが（彼らもかつては学生だったので）、学生たちは教授に生殺与奪権を握られていると同時に、教授をどれだけセクシーか値踏みしているものです。実際、ある人気の教授格付けサイトでは、公正さや教授能力と並んで、セクシー度も評価対象になっています。

このサイトのデータを用い、カナダのエコノミストであるアニンドヤ・センとマルセル・ボイア、フランセス・ウーレイはセクシーな男性教授が経済的に報われている一方で、セクシーな女性教授は報われていないことを明らかにしました。

オンタリオ州の男性教授で「セクシー」と評価されている人は、そうではない教授よりも給与が高いことがわかったのです。興味深いのは、このセクシー・プレミアムとも言うべき収入増は、中年以降になって初めて発現することです。若い男性教授には、そんなプレミアムは見られないのです。これが示唆していることは、この「美しさ」のプレミアムは伝統的な容姿の魅力に対して与えられているのではなく、自信、牽引力、そして創造性などの質に対して与えられているというものです。

一方、女性教授の場合、キャリアのどんな段階にいるかにかかわらず、魅力的であることは経済的な報酬に結びついていません。どうやら学生たちは、50代以降の女性教授が自信や牽引性を発揮していても「セクシーだ」とは思わないようです。教育界は肉体的な魅力がほとんど問題にならず、性的な魅力を振りまくことは、特に女性にとっては、むしろキャリアを損ねることになりかねないのです。女性教授は、見栄えの良さとそのために頑張りすぎているように見えないようにすることの間でバランスを取らなければなりません。

社会心理学者のステファニー・ジョンソン、ケネス・ポッドラッツ、ロバート・ディップボエ、そしてエリー・ギボンズらの共同研究も、この見方を支持しています。男性的で外見など関係ないと考えられている職業においては、魅力的な女性は不向きと見なされることがわかったのです。この研究では、男性の場合はマイナスの影響は見られませんでした。魅力的な男性は、どんな職業でも（たとえ女性的と見なされる職業においてさえ）適性がより高いとみなされるのです。

もし学生たちが魅力的な女性は教授に不向きと考えているのなら、「セクシー」と見なされる女性は学生の白昼夢以上に心配すべきことがあります。学生による評価は大学における昇進に重視されるので、職の安泰が脅かされるからです。

［コラム］サカった男の財布のひもは緩い

いくつかのマーケティング研究でわかっていることがあります。あちこちで目にする、肌も露わな女性の写真などで性的に興奮している男性は、消費するのを待ちきれないばかりか、ずるい申し出にも諾々と応じてしまうのです。

例えばブラム・ファン・デン・ベルフ、ジークフリート・デウィット、ルック・ワーロップらによるそんな研究の1つでは、今日15ユーロ受け取るか、それとも受け取りを待ってより多額をもらうかを選ばせる調査をしています。どれだけ多めにもらえるのなら受け取りを延期するのかが切迫度を示すという考えに基づいた調査です。例えば、すごく焦れている人物は、15ユーロをはるかに超える額をもらうのでなければ、それを待ちません。一方、抑制心のある人の場合、たいした増額でなくても待つのです。

学生は総じてすぐさま消費したがります。それは将来に高い収入を期待しているので、いま貯蓄することをあまり気にしないからです。酒類の価格をいくらか上げても彼らの消費量が同程度の所得層の人々に比べてあまり変わらないと思われるのは、このことが根拠です。

この調査では、男性の被験者に様々な視覚的刺激を与え、1カ月後にいくら多くもらえるのなら待ちますかと聞きました。その結果、扇情的な女性の写真を見せられた被験者グループは、視覚的に魅力的だが扇情的ではない刺激を受けた人々に比べて、はるかに高い金額を提示されなければ消費を延期しないことがわかりました。

同じ研究者らによる別の研究では、被験者に10ドルを分かち合うという申し出を受けるか拒むかを聞きました。その結果、エロティックな画像を見せられた被験者は、そうではない被験者に比べて、はるかに不公平な申し出でも受けることがわかりました。この傾向は、男性ホルモンが多そうな男性ほど明らかでした。この結果が示唆しているのは、興奮している男性は自分が支払っている対価が公正かどうかについて、冷静な人よりもはるかに気にしていないということです。

それでは少なくとも男どもは、酒類の価格が上がったからといって、バーで飲む量を減らすのでしょうか？　魅力的な女性たちに囲まれている以上、彼らは飲み物の価格などほとんど気にすることはないでしょう。

いくらもらえば……

私が学生たちを相手によくやるゲームがあります。性的関係がある2人の人物をめぐるいくつかのシナリオを提示し、それが売春であるかどうかを判断させるのです。まずは小手調べにわかりやすい状況から。一方が他方にセックスの対価としてお金を支払う場合。もちろん、どんな学生もこれを売春と答えます。次にもっと微妙な、女性が家賃代わりに大家とのセックスに応じているというケースです。男女の別を問わず大半の学生は、これも売春と考えます。さらに週末のニューヨーク旅行と引き換えに女性がセックスに応じる場合。これも売春と答える学生は減っていき、男女間での受け止め方の差が広がります。ゲーム最後の設問はいつも同じ。男がバーで女性に飲み物をおごり続け、女性は借りを作った気がしてセックスに応じます。

女子学生は引きつった表情で売春ではないと言い、女性は男性と寝る契約をしているわけではなく、なんなら途中で帰ることもできるからというのです。他のどのシナリオの場合でも同じではと指摘しても、頑として意見を変えません。

面白いのは、男子学生の反応です。彼らはたいてい意見を決めかね、答える前にある疑問をぶつけてきます。「その酒の値段、いくらくらい？」

この問答に現れる、女子学生はデートの際にセックスに応じる義務を男子学生ほどには感じていないという傾向は、心理学者スーザン・バソウとアレクサンドラ・ミニエリの実験でも確認されています。この研究結果で最も面白いのは、女性被験者は高価な食事をごちそうになったからといってセックスに応じる必要はないと考えているのに対し、男性被験者はより高価な食事をごちそうするほどセックスを要求する権利が増すと考えていることです。もしそうなら、私の教室の男子学生たちが、女性にセックスに応じる義務があるかどうかを答える前に酒の価格を聞くことの理由になります。

この実験では、まず学生に男女（ジョンとケイト）がデートに出かけるという物語を読ませます。ストーリーは、ジョンがケイトを部屋まで送っていき、はっきりと拒んでいるのに彼女とセックスをしてしまうというものです。

これを読ませてから、学生たちにいくつかの文章を聞かせ、それに対する考えを聞きます。例えば「ケイトはジョンがセックスを迫ることを予期すべきだった」とか「ジョンはケイトがセックスを求めると予期すべきだった」などです。これに対し、1（強く反対）から6（強く賛成）まで、学生たちの考えを数値で問うのです。

デートにかかった費用のためにケイトがセックスに応じる義務を感じるのかどうかを探るために、被験者は4つのグループに分けます。そのうち2つでは、デートには多額の費用がかかっており、片やジョンが全額払った、片や割り勘にした、とします。残る2グループでは、デートの費用は安く、支払い方については前2グループと同じ設定にします。

高いデート費用をジョンが支払った場合では、ケイトはジョンにセックスを迫られることを予期すべきだったと答える男性被験者の平均回答値は3・21、女性の場合はわずか1・85でした。高いデートをおごったのだからケイトはセックスを求められる覚悟をしておくべきだったという考えには、やっぱり男性の方がずっと強く同意したのです。

さらに「ジョンはセックスを求める資格があると思うべきだった」という設問に対しては、男女の平均回答値の差は小さくなり、男性で2・93、女性で2・15です。ジョンが高価なデートをおごった際には、男性被験者はケイトにはジョンにセックスで返すべき借りがあると強く感じており、一方、ジョンがそんな期待をしたのは当然だという点では、程度の差こそあれ男女の被験者とも同感しました。

ではデートの費用が安かったらどうなるのか、特にデートの費用が安かったり割り勘だった場合では、と考えるとこの調査はがぜん面白くなります。安いデートで割り勘だった場合に、「ケイトはジョンとセックスすることを予期すべきだった」と考える平均回答値は、男性で2・27（高価なデートの場合は3・21）、女性の回答値は1・37（同じく1・85）でした。

また安いデートで割り勘だった場合に、ジョンにはセックスにありつける資格があると考える平均回答値は男性2・20（2・93からダウン）、女性で1・53（同じく2・15）でした。

これらの結果からわかるのは、たとえ女性が総じてケイトにはセックスに応じる義務はない、またジョンがそれを期待するのは間違いだと思っていても、ケイトの義務やジョンの期待はジョンがそのデートにいくら使ったかに直結していることでした。つまりセックスに対する男女の期待の違いは、金銭的負担をする男性にセックスにあずかる資格があるのかどうかではなく、彼がいくら負担したのかなのです。

ここで話は振り出しに戻ります。

大学のセックス市場が男子学生にとって買い手市場ということは、女性の供給が需要を上回っているということです。もしそうなら、セックス価格は下がっていくはずです。先述の通り「価格」とは必ずしも男性が女性にセックスの対価として支払う金品のことではなく、セックスするために投資しなければならない額です。先に、男子学生の方が多い大学では、女子学生が伝統的なデートをする率がはるかに高くなるということも述べました。男性にとってデートが手間も費用もかかるものなら、買い手市場では伝統的なデートが減ることに不思議はありません。こうした市場では、女性にセックスに応じざるを得ないと感じさせるほど恩を着せるには男性がいくら払わなければならないかという期待は、男女ともに減って当然です。

さらに、学生が集まるバーで飲み物を値上げすれば、それだけ高い飲み物を奢ってもらうことになった女子学生が男子学生にカラダで返さなきゃと考え、性の乱れが進むということになりかねません。

本章の冒頭で、学生たちが同世代の若者たちに比べて平均的に性体験の頻度が低いことをなかなか信じようとしないという話をしました。大学のキャンパスの性の乱れぶりを考えると信じ難いのはもっともですが、驚くなかれ事実なのです。

このことの説明は単純です。行きずりのセックスを繰り返す人は、決まった相手がいる人に比べて、平均するとセックスの頻度が低いのです。先述のデシモンの調査では、過去3カ月に1人以上の相手とセックスをした人は、相手が1人だけだった人に比べて、セックスの頻度が低かったことがわかっています。実際、前月に20回以上セックスした人は、相手が1人だった場合が圧倒的です。

大学で女子学生の方が多く、セックス市場が完全に閉鎖的（学生は学生としかセックスしないとして）だったとすると、19歳から25歳までの非学生層では男性の割合が多いはずです。こうなると女性が伝統的なデートをする頻度が増すことは既に述べました。これが、学生ではない人の方が、より多くのセックスをしている説明になるかもしれません。彼らの方が大学生に比べて決まった相手がいることがずっと多いのです。

［コラム］アツくなるとバカな考えが良く見えるもの

たいていの実験では、被験者は研究室に座って反応を観察されます。ですが、性的に興奮している際に同じ反応を示すかどうか、わかったものではありません。エコノミストのダン・アリエリーとジョージ・ローウェンスタインは、この分野で私が知る限り、男性の被験者にマスターベーションしながら回答するように指示した唯一の研究者です。奇妙な話に聞こえるかもしれませんが、彼らはこうして、冷静な際の回答と興奮時の回答が大きく違うことを見出しました。

たとえば、女性をベッドに誘うために豪華な夕食に誘うべきかどうかという設問に対し、マスターベーションしていない（従っておそらく興奮していない）被験者ではわずか半分強しか高い夕食を奢ろうとする者はいなかったのですが、マスターベーション中の回答者では70%がイエスと答えたのです。セックスするために相手に愛していると告げるかどうかの設問では、非マスターベーション群では30%だったものがマスターベーション群では50%に上がりました。デート中にあわよくばセックスに持ち込もうとして酒を勧める率は、非マスターベーション群46%に対してマスターベーション群63%でした。マスターベーション群の26%はセックスに持ち込むためには薬でも盛ると言い、また相手に拒まれてからもセックスをせがむと回答しました。最後に、驚くには値しませんが、マスターベーション群の被験者は非マスターベーション群に比べて、妊娠や性病予防のためにコンドームをすると答えた率がはるかに低かったのです。

人は興奮していると冷静な時にはしない判断をしてしまうという事実は、学生

（あるいは他の誰でも）は興奮していると我ながらバカげていると思う判断をしてしまう理由の少なくとも一端になります。経済学は、個々人が費用と便益を勘案して合理的な判断を下すことを前提にしています。しかしアツくなると、費用は将来に支払うものなので過小評価され、便益は今すぐ得られるので過大評価されます。合理性は、既に述べた通り、後悔の可能性をなくしはしないのです。

最後に

かわいそうなサラ！　惨めな第1学期の前に彼女がこうしたエビデンスを知らなかったのは不幸なことです。もし知っていたら、セックスに関わる判断は自分の勝手だけれど、手の施しようのない市場圧力にもさらされていることがわかったでしょう。このことは、学生にとっても、保護者にとっても、大学にとっても、政府にとっても、大学内の性の乱れについて知識に基づいた判断をする上で貴重な知識になります。

例えば、学内の性の乱れが自分の子女に長期的なマイナスになるのではと心配する保護者にとっては、男子学生の方が多い大学を選ばせるべきという指針になります。これは大学進学期の娘を持つ親にとっては意外かもしれません。しかし経済学的環境として考えると、娘を他の数多くの女子学生とデート市場で競争しなければならない環境に置かない方が合理的なのです。

同様に、例えば風紀の乱れのせいで学生数が減らないかと心配する大学当局にとっても、女子学生を優先入学させることの功罪を再考するきっかけになります。それをやめれば学内のセックスの需給バランスが改善して「価格」が上がります。乱れた性行動の価格が上がれば、学内のカジュアル・セックスの水準は総じて減るはずです。

ここでも経済学的アプローチは反直感的な助言をもたらしています。何しろ、学内のカジュアル・セックスを減らしたければ、生まれつき乱交志向な学生、すなわち男子学生を増やせというのですから。

また、大学のセックス市場は、政策の影響を受けるという点で完全な自由市場ではないということを知った上で判断を下すためにも、こうしたエビデンスは有効です。政府は酒類の流通と課税を通じてセックス市場への影響力を持っているのです。男女の秘め事に国家など関係がないと思うかもしれません。しかし酒類の法制（飲酒は21歳になってからなど）が大学でのガブ飲みに、さらにはヤリまくりにつながるのなら、こうした法改正は、市場から歪みを取り除くことになるのです。

またしても、エコノミストが使う統計的ツールは反直感的提言をもたらします。もし政府が、性の乱れは学生や社会全体に大きな負担と思うなら、ガブ飲みを促しているアルコールを制限する法制をなくすべきなのです。

ほとんどの人はいずれ、そろそろ決まった相手と落ち着く時だと思います（そしておそらくはより頻繁な性生活に！）。そんな時、相手を探すためにインターネットに目を向ける人も多いでしょう。ありがたいことです。出会いサイトは、人間の欲求の謎を解きほぐすデータの宝庫なのだから。確かにちょっとのぞき見趣味ですが、バーチャル時代の恋愛を考える次章には、あなたもいくらか身に覚えがあるのでは？

Chapter 3

バーチャル恋愛

Love in Cyberspace

出会いサイトとケーキ屋の違い

私もずいぶん長いあいだ独り身なので、ちょっと決まり悪くなり始めました。嘘です。本当はそんな段階はとっくの昔のことで、いまではため息をつくばかりです。これは初めてのデートの際には、摂食障害やかつてマリファナ中毒だったということと同じく、隠しておきたい情報でしょう。ですが、恋人候補は、あたかも就職の面接官のようにあなたがその「ポジション」にどんな経験をもたらせるかを知りたがります。そして恋人をとっかえひっかえする相手を望む人がほとんどいないのと同じく、すごく長い間デートしていない相手は、ずっと売れ残っている中古自動車のように、あまり魅力的には見えないもの。

私としては、長い間恋人不在であることに何かの言い訳を考えなければなりません。友人らは私の言い訳（「忙しすぎて……」）をあまり説得力がないと言うので、もうちょっと創造的な言い訳（「1人でいるのが好きだから！」）を考えなければなりません。

もちろん、単に真実を告げることだってできます。合理的に考えるとオンラインで恋人を見つけることに抵抗を感じるのです、でも私の世代ではほとんど誰もがこうして恋人を探しているので、私はちょっと時代に合わないんです、と。

仮想恋愛を探す人に対して批判的なわけではありません。多くの人がそうしているのは知っています。ただ合理的な人物なら膨大な選択肢に直面した際に、選択肢をどんどん絞って選びやすくしようとするものです。

この点が私にとって障害になることを、単純なたとえ話で説明しましょう。

出会いサイトで相手を探すことは、ケーキ屋でスイーツを選ぶことに似ています。いずれの場合でも、最初のうちは自分が何を求めているのかははっきりとわかっていないので、選択肢を絞っていくことで意思決定のプロセスを単純化します。そしてすごくたくさんの候補がある場合には、個別に選んでいてはきりがないので、まずカテゴリーで大雑把に絞っていきます。ただしケーキ屋の場合、絞ったカテゴリーのお菓子は目の前に残っているのですから、無視することは事実上できません。

例えば私はケーキ屋に入るや否や「チョコレート・ラズベリー・マカロンをもらうわ！」と言うわけではありません。まず商品を見まわし、クッキーが目につくとこれなら家でも簡単に作れると思って対象から外します。それからチョコをかけたカラメルがおいしそうだなと思いながらも、もう今週チョコは食べたからとチョコ関連を諦めます。こんな風にどんどん候補を減らしていって、最後にエクレアとフルーツタルトが残ります。

でも、もしその日にたまたまエクレアとフルーツタルトに食指が動かなかったからといって、手ぶらで店を出るわけではありません。もう一度商品を見まわし、やっぱりチョコレート・ラズベリー・マカロンにしようと思います。クッキーやチョコ関連はさっき排除したにもかかわらずです。こうして私は買い物に満足して店を後にします。

出会いサイトでの恋人探しも同じように進行しますが、そのプロセスははるかに油断がならないものです。そこでは一度も相手の目に触れることもなく恋人候補が除外されてしまうのです。彼ら自身に問題があるからではなく、選択を簡単にするための検索作業の際に、除外されるカテゴリーや特徴に属していたためです。

もしスイーツ選びが出会いサイトと同じように働くのなら、私は真っ先に検索フィルターに「自宅で作れるものは除く」と入力してクッキーを除外しているでしょう。そして「最近食べていないお菓子」という検索条件を入力し、するとマカロンとチョコ関連は検索対象から外されてしまいます。そのあげくの検索結果はエクレアとタルトなどが残り、その日はあまり食指が動きません。結局、何も買わずに店を出て、ここいらのケーキ屋には自分の欲しいものなんかないんだわと思うのが関の山です。

私にもこれまで数人ほど本気で愛した相手がいますが、彼らは出会いサイトの検索にかけたら候補に絶対残らなかっただろうと思います。年齢的に若すぎたり、学歴が低かったりしたからです。他にも宗教面で合わなかったり、身長が理想的ではなかったり、アンダーエンプロイメント（訳注：能力に見合わない職に就いていること）だったり、遠隔地に住んでいたり……。

同じく、彼らが出会いサイトを使っていたら私自身も候補に残らなかっただろうと思います。

改めて考えてみてください。あなたを幸せにする人々の多く――現在のお相手を含めて――も、出会いサイトの検索条件にかけてみたらきっと残らなかったのでは？　これは、出会いサイトでは計測しやすい項目――年齢、身長、学歴、人種、年収など――で検索をかけることを促しているからです。でも、出会いというのは、そうした一般的な条件よりも人物次第という面が大きく、こうした側面ははるかに測定しにくいのです。多くのサイトではそれを測定しようとアルゴリズムの改善を図っていますが、それでさえ理想の相手を定量的データを使って除外しかねません。

エコノミストの観点からは、絞り込み検索は「厚い」市場を「薄い」市場にしていると言えます。出会いサイト市場が「厚」ければ、少なくとも理論的には、従来の方法よりも伴侶を探すのが容易で、しかも質の高い相手が見つかるはずです。

例えば、同じ人種の相手を検索した場合、人工的に「薄い」市場を作っていることになります。売り手と買い手の少ない市場なので、八方が丸く収まる価格には折り合いにくいはずです。そればかりか、こうした市場で成り立つ取引は質も低いはずです。

私としては、検索条件は「ベッドで寝がえりを打った時に身体が当たっても柔らかくていい匂いのする人」としたいのですが、たとえそんな条件で検索できたとしても、「失敗を大笑いをしても傷つかない人」でさらに絞り込んだら誰も残らないでしょう。

そして、これが私が長いこと独り身である理由そのものなのです。

[コラム] カップルの政治信条は類をもって集まる?

結婚しているカップルに最も共通する特徴は、信仰を別にすれば、政治的信条です。でも、もし同じ政治的信条を持つ結婚相手を探すことが重要なら、学歴などと同じくそれを条件に絞り込み検索すれば良いだけのはずです。

政治学者キャセイ・クロフスタッド、ローズ・マクダーモット、ピーター・ハテミが先ごろ発表した研究によると、婚活サイトの登録者の大半は政治的信条を申告していません。また申告した登録者の場合でも、大半(67%以上)は「中道派」、

「その他」、「回答せず」としています。

ですが、具体的に自分の政治的信条を申告している登録者らもいます。これには年齢が関わっており、年配の登録者の方がこの項目を申告する傾向が強いのです。また教育も関係しており、大卒者では高卒者に比べて15％申告率が高くなっています。

所得も関わっていますが、たぶんその内容は予想外でしょう。年収7万5０００ドルから10万ドルの独身者の場合、2万5０００ドルから3万5０００ドルの層よりも「中道派」と自己申告することが7％多いのです。

しかし婚活の好みは、登録者がプロフィールで述べている好みを見るだけでなく、彼らが実際に出会いサイトでどう活動しているのかを観察することによっても判断できます。

心理学者アンドリュー・フィオーレ、リンゼイ・ショー・テイラー、ジェラルド・メンデルゾーン、メ・チョン、コイ・チェシャーは、婚活サイトでの自己紹介メッセージを分析し、登録者が自分の信仰について述べているからといって、それが必ずしも信仰を同じくする人を探していることにはならないということを見出しました。

例えば、年配の女性層ではざっと50％が同じ信仰を持つことは重要としたのに対し、実際に彼女たちがコンタクトをした男性登録者のうちこの条件に適合している人々は30％に過ぎませんでした。自己紹介メッセージを真に受けていたら実態を大きく見誤るところでした。

実際、いかなる年代層の男女ともが、自分と信仰の違う相手ともいくらでもデートをしています。経験的には、人は同じ信仰を持つ相手と結婚することが多いものですが。

自己発見の旅としての出会いサイトでの婚活

私がどう思うかは別として、婚活する人は候補が多すぎると検索で絞ります。そうするとかえって完璧なお相手を探しにくくなるのは右の通りですが、少なくともエコノミストにとっては、婚活者の好みを理解する上でまたとないデータが得られます。セックスと恋愛の生きた市場で売り手と買い手がどのように取引を成立させるか（パートナーになるか）を観察できるのです。

出会いサイトができるまでは、これはとても難しいことでした。既存のカップルを観察すればいいではないかと思うかもしれませんが、それではものの役に立ちません。カップルになっていること自体がデート市場で取引がまとまった「結果」であるからです。しかも成立したカップルという「均衡状態」は、市場の他の登録者（相手が見つかっていない登録者）に対応する元であるとともに、カップルになった2人の登録者の好みの元でもあるので、ますます問題です。

まず市場の均衡状態ということを例を挙げて説明します。結婚しているカップルのデータを調べたところ、貧乳女性の夫は禿《は》げかかっている人が多いことを発見したとします。未熟な観察者なら、ここで禿げかかっている男性は貧乳好きだという結論に飛びつくでしょう。もちろん、こんな関係は全く立証されていません。

なぜなら巨乳女性は髪のある男性が好きな傾向が強く、貧乳女性にとっては禿げかかっている男性しか残されていないのかもしれないからです。あるいは、女性側は男性の髪があろうがなかろうが別に気にしてはいないが、禿げていない男性は巨乳好きで、禿げかかっている男性にとっては貧乳女性しか残されていないのかもしれません。

いずれにせよ、貧乳女性がえてして禿げかかっている男性と結婚しているということがわかっても、胸の大きさや髪の濃さについての好みについて何一つわかったことにはなりません。なぜなら、伴侶探しの市場の最終段階（すなわち伴侶を決定する段階）では、男女とも当初に宣言していた好み通りの相手と結婚しているとは限らないからです。彼らは、自分と結婚してくれる相手と結婚するのです。

他に好みの相手がいたのかもしれませんが、結局、自分の伴侶になってくれる人々という部分集合の中から選んだというだけのことです。そしてその部分集合にどんな人が入っているかは、おおむね市場内の他の人々の判断によって決まることです。

右の例は馬鹿げて聞こえるかもしれませんから、実例で説明しましょう。2006年の米国国勢調査によれば、黒人女性と結婚している白人男性（0・2％）よりも、白人女性と結婚している黒人男性（6・6％）の方がはるかに多いのです。もちろんこの結果は、独身の黒人女性が少ないからではありません。黒人女性の独身率は、他のどんな人種の女性と比べてもはるかに高いのです（2007年現在、黒人女性で結婚している率はわずか33％）。では、このデータは、伴侶を探している男女の人種的好みについて、いったい何を物語っているのでしょう？

その答えは、何一つ物語ってはいない、です。

デートにおける人種的好みを理解するには、市場が機能している最中にそこで好みが働くありさまを観察しなければならず、そのための非常に良い方法がいくつかあります。例えばエコノミストのレイモンド・フィスマン、シーナ・アイエンガー、エミール・カメニカ、イタマール・シモンソンの「出会いデート」実験です。まず男女（コロンビア大学の大学院生）が3分から5分ずつ順に対面します。その後、被験者はデートしたい相手を司会者に託します。この実験のミソは、誰の好みが国勢調査データに表れた人種的分離を促しているのかがわかることです。

この実験で得られたエビデンスに基づくと、結婚市場が人種別に分割されている原因はほぼもっぱら、女性が同人種の男性との結婚を望んでいるためです。男性の場合この傾向は、はるかに弱いのです。そして同じ女性でも、白人女性に比べて黒人女性の方が同人種の男性を望む率がずっと高いのです。

このエビデンスからわかることは、白人女性が黒人男性と結婚するケースは黒人女性が白人男性と結婚するケースよりもはるかに多いが、それは白人男性が黒人女性に惹かれないからではなく、黒人女性が自分と同じ人種の男性とのデートを好むからであるということです。

別の調査でも、コロンビア大の調査と同様の結論が出ています。

ギュンター・ヒッチ、アリ・ホルタサス、ダン・アリエリーによる共同研究では、メンバー間の当初の連絡メッセージが見られる（「やあ、君のプロフィールを見せてもらったけれど、僕たち気が合いそうだね」など）出会いサイトを調べています。他のあらゆる要因（年齢、既婚・未婚、学歴、子供など）を調整してもなお、どんな人種集団もパートナー選びで同じ人種に「差別」的にメッセージを送っており、その傾向は男性よりも女性の方が強かったのです。

実際、女性にとってパートナーの人種がどれほど重要であるのかを調べるために、この研究では女性が重視しそうなもう1つの要素――収入――についての希望の違いを人種別に調べています。

すなわち、女性は男性の収入がどれだけあれば異人種のパートナーを選ぶのかを調べたのです。設問では、2人の架空の男性を設定します。1人は同じ人種で年収6万2500ドルの男性。もう1人は、年収はXドルで人種は被験者とは違う3種類のうちどれかとしました。それ以外の属性は全て同一です。このXの額がどれだけ大きければ、異人種であったにもかかわらずその男性を選ぶのかを調べたわけです。

結果は示唆的でした。白人女性の被験者は、黒人男性が白人男性よりも15万4000ドル多く稼いでいなければ、最初の連絡メールを送ろうとはしませんでした。男性がヒスパニックである場合なら、白人男性よりも7万7000ドル多く稼いでいなければなりません。相手がアジア人である場合なら、白人男性よりも年に24万7000ドル多く稼いでいなければ連絡を取ろうとはしませんでした。

被験者が黒人女性である場合は、この傾向はいっそう強いものでした。白人男性の場合なら黒人男性よりも22万ドル年収が多くなければだめでした。同じくヒスパニックの場合なら18万4000ドルです。

対照的に、アジア人女性はアジア人男性よりも白人男性を強く好みました。白人男性なら、他の条件が同程度のアジア人男性よりも年収が2万4000ドル低くてもいそいそと連絡を取ったのです。

これらの所得差は多額ですが、全ての女性が相手選びに収入を気にしていると考えるのは早計です。実際には被験者の女性たちも、ごくわずかな収入差でも別人種の男性にいそいそと連絡を取ったはずです。この実験の数値がとても大きいという事実は、女性にとってパートナーを選ぶ際には、収入よりも人種の方がはるかに大事であることを示しているのです。

ではこの実験は男性については何を物語っているのでしょう？　男性は女性の収入などほとんど気にもしていないので、実験そのものがおよそ意味をなさないということです。パートナーの人種については女性ほど気にしませんが、それでも所得差によって人種ごとの好みを測ろうとすると莫大な額になってしまうのです。しかしそれは男性も同人種のパートナーを強く望んでいるということを表しているわけではありません。男性のパートナー探しにおいて、女性の所得がほとんど意味がないということを示しているに過ぎません。男性がパートナー探しで人種をどれほど気にしているのかを正確に測定するには、男性が気にする別の指標——肉体的魅力——を用いなければなりません。

出会い市場への経済学的アプローチ

右の例は、婚活サイトや出会いサイトが市場のように機能していることを示す好例です。そこでは自分が望む属性を妥協するには他のどんな属性で補い、自分にとって最も有利な取引を成立させるかが示されています。

デート市場も他のあらゆる市場と同じく売り手と買い手で成り立っており、全ての価格が調整され売買が成立して初めて均衡状態に至ります。たいていのデート市場では金銭のやり取りは伴いませんから、ここでは「価格」とは金額ではなく、ある人を選ぶことであきらめた他の機会

——経済学用語でいう機会費用——のことです。

次のような例を考えてみてください。婚活サイトでとても魅力的な外見の相手を見つけたとします。全登録者の中でも、その登録者は外見でトップ10％に入っているとします。しかしこの登録者はとても「高い」のです。あなた以外もみな彼／彼女をめぐって競うライバルなのだし、限定商品の価格は必ず上がっていくものだからです。あなたがこのとても魅力的な彼／彼女を惹き付けられるかどうかは、あなたの市場での価格にかかっています。何しろこの市場では、誰もが売り手であり買い手なのですから。

そしてこの取引の成り行きは確実に読めます。「高い」人は「高い」人とパートナーになり、中くらいの価格の人は中くらいの価格の相手と、そして「安い」人は他の「安い」人と話がまとまっているはずです。

男女が相応の相手とまとまる行動を、「同類婚」と呼びます。総じて言えば、人は学歴、収入、そして身体的魅力（身長、体重、美醜など）についてさえ、自分とよく似た相手と収まっていることを示すエビデンスは山ほどあり、同類婚はとても一般的です。

美しさは見る人が決める？

外見的魅力をめぐる仮想空間の競争の激しさを示す研究を紹介しましょう。これはあるウェブサイトでのデータに基づいたもので、このサイトではユーザーは他の登録者の外見的魅力を格付けでき、何なら相手にメッセージを送ることもできるというものです。

そのサイトは「ホット・オア・ノット（www.hotornot.com）」。ユーザーは自分の写真を登録し、数行の自己紹介などを添えることもできます。さらにランダムに表示される他の登録者の写真を見て、セクシーさを10段階で格付けします。そして会ってみたいなと思う相手がいれば、その人のページに、自分の登録ページへの「会ってください」リンクを貼ることができます。

共同研究者レナード・リー、ジョージ・ローウェンスタイン、ダン・アリエリー、ジェームズ・ホン、ジム・ヤングは、このサイトのわずか10日間の動向から、1万6550人の登録者の行動データを入手しました（男性75・3％、女性24・7％）。それぞれの登録者は期間中に平均して144人の写真を見ており、「会ってください」リンクは200万件以上貼られていました。リンクを貼る手掛かりは写真だけであり、恋人探しにおける外見的好みを調べる良い機会でした。

出会いサイトでは魅力的な人をめぐる独り者の競争は非常に激しく、この実験ではそのエビデンスが得られています。最も高い格付けを得たユーザーは、他の人よりも格段に多くのリンクを貼られていたのです。格付けが1段階上がっただけで（例えば魅力度が5から6に上がっただけで）、デートを申し込まれる確率は130％も増えます。男性メンバーは「下手な鉄砲も数撃ちゃ当たる」式を取っているようですが（男性の方が女性よりも「会ってください」リンクを貼る率が240％多いのです）男性が自分よりも魅力度の高い女性を狙うことは意外ではないでしょう。

一方、女性の場合は、自分よりも魅力的な男性に会うことにそれほど執着はないようです。

このサイトの場合、ユーザーはただリンクをクリックするだけですから行動に費用がほとんど伴いませんが、他の環境ではパートナー探しは、手間や時には金銭などの点でもっと高くつくことがあります。そのため、誰もができるだけ手っ取り早い出会いを求めます。それには何より、自分の値打ちを正確に見積もることです。市場の競争相手と自分とを冷静に比べられなければなりません。

[コラム] セクシーな装いの女性が経済を成長させる？

1920年代、ペンシルバニア大学ウォートン・ビジネススクールのエコノミストだったジョージ・テイラーは、スカートの丈と景気は反比例すると発表しました。好景気の際には女性はシルクのストッキングを見せびらかすためにスカートの丈を短くし、不景気になるとそんなストッキングが買えないのを隠すために丈を長くするというのです。だから好景気にはミニ、不景気にはロング・スカートが流行るという説です。

長い目で見てこの説が成立しているかどうかについては強いエビデンスはありま

せんが、最近、マーケティング研究者らがある共同研究を発表しました。キム・ジャンセンズ、マリオ・パンデラエレ、ブラム・ファン・デン・ベルフ、コービー・ミレット、インゲ・レンズ、キース・ローらの調査では、保守的な装いの女性に囲まれた独身の男性が、セクシーで大胆な装いの女性と対面すると、ステイタスを示す物品を選好するという結果が得られています。一方、決まった相手のいる男性の場合は、こんな傾向は見られませんでした。つまり独身の男性は、魅力的な若い女性と出会うと、相手をパートナーとして確保しやすくする物品を選好するのです。おそらくは無意識のことなのでしょうが、自分の財力を示す物品が彼女を惹き付けると思うのでしょう。

こうした実験結果は、面白い疑問を提起します。女性のファッションは、男どもが自分の財力や地位を示す物品を選ぶ方に仕向けるように進化してきたのでしょうか？

この疑問に対する答えは、おそらくノーです。経済学の根本的原則の1つは、物品の価格は相対的な欠乏状態に関わるというものです。もし大胆な装いの女性が少なければ、彼女たちの「価格」は上がります（この場合、「価格」は魅力的な彼女を引き付けるために男どもが自分の財力を誇示するための投資額を示します）。しかし、そんな女性が増えれば、男性同士の競争は緩んで、もはやあまり投資しないで済むようになります。実際、スカートの丈が上がるにつれて、ステイタス商品の売り上げはこの理由のために下がるのかもしれません。

婚活サイトはうぬぼれ鏡

人はとても手前味噌なものです。誰もが自分は平均的な人よりもユーモアがあり、賢く、親切で、見栄えが良く、床上手（！）と思っているのです。出会いサイトで自分の外見を「平均以下」と評価している人は1％にも満たないのです。それでも大半の人が自分を「平均的」と思っているのならこの結果も不思議ではないかもしれませんが、そう自己評価する人は男性でわずか29％、女性では26％しかいません。それ以外の人はみな自分を平均より美しいと考えているのです。

先のホット・オア・ノットを使った調査を振り返っても、人は正確に自己評価できないことのエビデンスが得られます。格付け評価の高い人はデートを申し込む相手をひどく選り好むのですが、評価が低い人は数撃ちゃ当たる式で自分よりはるかに格付けの高い相手にもどんどんアタックします。うまくいく見込みは低いにもかかわらず、です。

さみしい人々の一発逆転狙いに見えるかもしれませんが、彼らは自分よりも魅力的な相手に果敢に挑むと同時に、自分と同程度の格付けの相手を無視してもいます。総じて言えば、人は反応してくれるとは思えない相手にアタックする一方、会ってくれるかもしれない相手は相手にしないのです。

とすると、もし誰かがオンラインで連絡を取ってきたら、自分はその相手よりはるかに上等なのではと思うかもしれません。これは少なくとも統計学的には正しいと言えます。平均すれば、あなたはおそらく連絡を寄せてくる相手よりも魅力的なのでしょう。私としてはただ、グルーチョ・マルクス（訳注：米国のコメディアン「マルクス兄弟」の1人）の有名なジョーク「退会させてもらうよ。私のような者に入会を認めるような会になど加わっていられない」は、仮想世界にも通じることだなと思うだけです。

［コラム］エコノミストに学ぶ出会いサイトで成功する法

エコノミストは「シグナリング」に興味を持っています。相手を取引に引き込むために確かな情報を伝える能力のことです。送り手がコストのかかる情報を送ろうとしているなら、受け手に本気であることが伝わります。例えば、出会いサイトで自分とは釣り合わない相手からメッセージを受け取っても、受け手は応答するだけ時間の無駄と無視するかもしれません。自分の立場が客観的にわかっている送り手は、応対してもらうために本気であることをわからせなければなりません。

韓国のエコノミストら――スーヒョン・リー、ムリエル・ニーダール、ヒュエリム・キム、ウーケム・キム――は出会いサイトを使った実験で、ごく手軽なシグナルが仮想空間での出会いに大きな影響を及ぼすことを発見しました。仮想のバラを送ることです。

ある仮想出会いパーティーでは、デートを申し込む定型文のメッセージを最大10人に送ることができます。パーティー終了後、メッセージを受けた人は4日後までにその申し込みを受けるか拒むかを決めます。参加者はデートの申し込みの本気度を示すために1人2束まで仮想バラを送ることができます。

全てのメッセージにバラを添えられるわけではないという意味でバラは高価です。となるとやはり最も興味を持った相手にこそ贈ったのでしょう。

バラを贈ると、デートの申し込みが受け入れられる率はバラ無しの申し込みに比べて20％増しと大きく向上しました。そしてこのバラ作戦は、メッセージの送り手が受け手よりも魅力的な場合に最も効果的になりました。他の条件を一定として、受け手よりも高い魅力格付けである送り手がバラを添えると、申し込みが受け入れられる率は50％高くなったのです。

もちろん全てのサービスが、仮想バラのように明確なシグナルを送れるとは限らないし、無料の場合はなおさらです。だから送り手は、自分なりのシグナルを考案するようになります。例えば相手のプロフィールを読んだことがわかるように、それに基づいたメッセージを送るなどです。

しかし、メッセージを送る際に「自分からのメッセージならシグナルは必要ないだろう（シグナルなしでも相手は申し込みを受けるだろう）」と思った自信家の当の本人たちこそ、自分がシグナル付きのメッセージを受け取った時に最も食いつきやすそうな人々であることにお気付きですか？

愛は金で買える

さて、出会いサイトや婚活サイトでは、人はどれだけ外見を気にしているのでしょう？ ヒッチ、ホルタサス、アリエリーの人種の好みをめぐる共同研究で用いられた方法に立ち戻りましょう。女性が、非常に魅力的な男性とそうではない男性の2人のうち1人を選べるとします。前者の男性は外見の点でトップ10％に入っており（つまりたいていの人はこの男性を10段階評価で少なくとも9に評価しており）、年収は6万2500ドルです。2人目はワースト10％の外見で年収はXドル。この女性が前者の男性を差し置いて後者の男性を選ぶには、年収がどれだけ多ければよいのでしょう?

答えは、彼がハンサムな男よりも18万6000ドル以上多く稼いでいた場合です。この結果は、女性にとっては、男性の収入に比べて彼の外見の方がはるかに重要であることを示しています。

ではその逆に、男性が非常に外見的評価の低い女性とデートする気になるには、女性の年収はどれだけ必要でしょう? いくらあってもダメです。男性は女性の外見をとても強く気にしているか、あるいは彼女の収入をほとんど気にしていないので、金銭的な報酬ではそんな選択をする気にはおよそなれないのです。

魅力的な人は市場で非常に高価だと言いました。この調査でも、女性たちが魅力的な男性を袖にしてでも不細工な男どもとデートするには、収入による補填がどれだけ必要かが示されています。しかしデートをめぐっては、金銭的には換算できず、測定しにくい他のトレードオフもあります。例えば、人によっては信仰が違うためにとても魅力的な人とのデートをあきらめるかもしれません。あるいは理想的な身長をあきらめて同程度の学歴を求める人もいるかもしれません。男性が若い伴侶を求めることは世間の常ですが、なかには経済的安定性をもたらしてくれる女性となら若い女性を袖にしてでも結婚しようとする男性もいます(第9章でまた扱います)。

また、アビジット・バナジー、エスター・デュフロ、マイトリーシュ・ガタク、ジーン・ラフォーチュンらによる共同研究をはじめとして、インドではカースト内結婚が強く選好されるので、男女ともに同カーストなら自分より教育程度の低い相手とでもいそいそと結婚することが明かされています。
最後に、相手に望む属性のうち何をあきらめるかは価値体系の問題であり、特に他の属性との相対性によります。一方、結局どこまで妥協しなければならないのかは自らが市場でどれだけの価値を持っているかにより、それは市場内の競争相手しだいです。

意地の張り合い

こんな練習をしてみましょう。同年代の同性と比べて自分の容姿を1から10までの10段階でどこに位置するかを誠実に格付けするのです。例えば70％の人よりは自分の容姿の方が優れているが30％の人にはかなわないと思うのなら、あなたの格付けは7です。これが市場における自分の位置の自己評価です。

次に出会いサイトや婚活サイトで自分と同性・同年代の人々を検索し、彼らが投稿しているプロフィール写真を見てみましょう。例えば10人をランダムに選んで写真を見ながら容姿格付けをしてみたら、おそらく当初のあなたの自己採点は過大評価だったと思うでしょう。すなわち、自分と同等と格付けした写真の相手は、客観的に見て自分よりも容姿が優れていると気付くでしょう。

この食い違いは、別に自分の容姿格付けを水増ししていたからではなく（いやたぶんしていたのでしょうけれど、ここではその話をしているのではありません）、また出会いサイトを利用している人は本当に容姿の優れた人だけだからというわけでもありません。誰でも本当に写りの良い写真の1枚くらいは持っているからです。もし誰もが最も写りの良い写真を投稿しているとすれば、サイト利用者の魅力度を総じて買いかぶることになります。

そうだとするなら、サイトで出会った相手と実際に会ったり、相手が追加の写真を何枚も送ってきたのを見たら、その分がっかりするはずです。

これは社会心理学者が「対比効果」と呼ぶ現象です。2枚の写真を順に見せられたとして、先に見せた方が後で見せた方よりもはるかに魅力的であれば、後で見せられた写真だけを見た場合よりもはるかに低く評価してしまうことです。実証実験でも、とても魅力的な女性の写真を見せてから平均的な女性の写真を見せると、後者の写真だけを見せられたり、風景など全く別の写真と対にして見せられた場合よりも、平均的な女性の評価が低くなることが確認されています。

言い換えると、出会いサイトのプロフィール写真は、総じて実際以上に見せることによって「容姿のインフレ」を生じさせているのです。そして、インフレを起こしているのは容姿だけでなく、自己紹介で強調すること全てなのです。

出会いサイトでは、自己紹介方式によって、魅力的で、高学歴で、高収入で、公園で散歩したりビーチでゆっくり散歩をしたいと思っている人々がいっぱいの仮想空間があるという印象を与えています。それはきっと、相手探しを始めたばかりの人にとっては素晴らしいことなのでしょう。しかし長い目で見ると、誰もが平均以上に見える状態は、カップルをまとまりにくくします。誰もが自分にはもっと魅力的な相手がいるはずだと期待するようになるからです。

男性を含めたいていの人の価値は目減りする、すなわち加齢とともに市場価値が下がっていくことを考えると、相手探しの初めから自分の相対的な位置を正確に把握しているほど、結局は良いはずです。実際、自分の価値が衰えはじめる前にこの市場から卒業するには、それは必須のことと言えます。

この経済学的アプローチは、デート市場では最初に自分の評価を正確かつ誠実に見積もり、あれこれの条件を全て満たす相手を探すよりも妥協できる要素を整理しておいた方が、早くお相手が見つかることを示唆しています。

盛りすぎに限界あり？

エコノミストが人間の行動をできる限り単純な言葉で言い表そうとする一方で、人間は非常に複雑な生き物です。完璧な伴侶探しとは、箇条書きの条件リストを1つ1つチェックしていくというより、経験が物を言うことです。そして条件リスト方式で相手を探している時でさえ、個々の属性よりもその組み合わせが大切だったりもします。

既に述べた通り、女性が相手に求める要素として容姿は大切ですが、どれだけの生活資源をもたらしてくれるのかも大切です。心理学者サイモン・チュー、ダニエル・ファー、ルナ・ムニョス、ジョン・ライセットらの共同研究では、女性は平均的な容姿の男性よりもハンサムな男性を、貧しい相手より金持ちを望みますが、ハンサムな金持ちとハンサムな貧乏人から選べるなら、後者を選ぶことがわかっています。

この一見すると矛盾しているようなエビデンスは、誠実な男性を求めるという女性の好みに結び付けられます。どうせハンサムな男が手に入るのなら、浮気しそうな金持ちではない方を選ぶというわけです。データによる裏付けもあります。この研究では、出会いサイトに架空の登録者を20人登録し、彼らのプロフィールを、容姿格付けでは1から10までに均等に振り分け、職業は高ステイタス（医師、建築家）、中ステイタス（教師、ソーシャルワーカー）、低ステイタス（郵便配達、コールセンターのオペレーター）などに設定しました。このプロフィールを女性に見せ、どの相手と長く付き合いたいかを聞いたのです。

女性たちは、容姿が魅力的（7以上）であるなら高収入よりも中収入を選びました。しかし容姿が並み程度（4から6）であると、中収入よりも高収入の相手を選びました。この傾向は、疑り深く、デート市場における自己評価が低い女性たちほど強かったのです。

かいつまんで言うと、浮気を恐れている女性はもてそうな男を避けるということです。男は浮気するものと思っているからかもしれませんが、同時に、恋人や夫を守ることは疲れることであり、だからいつも他の女に追いかけまわされそうな男を選ぶ際の費用を避けているからかもしれません。

出会いのキモは場所選び

これまでは出会いサイト、婚活サイトに限って論じてきましたが、今日ではSNS（ソーシャル・ネットワーキング・サービス）が出会いの場としてそれらを上回る急成長を見せています。オックスフォード・インターネット・インスティテュートのバーニー・ホーガン、ナイ・リー、ウィリアム・ダットンらの報告によると、1997年以来ネット上で出会った相手と同居しているカップルのうち、SNSで出会った人々は30％、出会いを目的にしたサイト（婚活サイト、出会いサイト）経由の人々は28％で逆転しています。今世紀の初め頃にはSNSなどろくになかったことを考えると、このデータでさえいまや仮想空間経由のデートがどれだけ出会いサイト以外で起きているかをひどく過小評価しています。

SNSサイトの価値は、出会いサイトよりもずっと経験的であることです。SNSでは出会いサイトの定量的な属性（年齢や学歴など）も相変わらず得られますが、さらに重要なことに、他の人々とのやり取りを見ることもできます。このためその人の客観的な評価がわかります。つまりその人のデート市場での相対的な価値がわかりやすくなり、すると自分と釣り合う相手を探しやすくなります。

SNSがネット上の出会いの主戦場になっているのなら、ではいったいどうして有料の出会いサイトを利用する人がいるのでしょう？　有料の出会いサイトの方が登録者ははるかに少ないようなのに。そうであったとしても、利用者は1人のお相手を求めているだけです。そしてオンラインの出会いについては、有料サービスの方が実際のデートに結び付きやすいことを示すエビデンスがあります。

心理学者マーティン・コールマンが最近発表した研究でもこれを検証しています。この実験では、被験者は相手に望む条件を聞かれてから有料で恋人候補を検索します。その結果、候補が見つかったが希望条件を全て満たしているわけではないと知らされます（あるある！）。ここで被験者は、友人が理想通りの相手とのデートを紹介してくれると知らされます。そして出会いサイトでの理想未満の相手とのデートか、理想通りの相手との紹介デートかを選べ、またいずれにせよそのデートにどれだけ時間を使うかと聞かれます。

この実験の結果、オンラインで知り合った相手とのデートにどれだけ時間を使うかは、そのサイトにいくら注ぎ込んだかに比例することがわかりました。オンライン検索に全くあるいはほとんどお金を支払っていない人が友人の紹介デートを袖にして出会いサイトの相手を選ぶ率は、出会いサイトに多額を支払った場合に比べて、はるかに低かったのです。例えば、男性がオンラインで検索した相手とのデートに注ぎ込む時間は、サイトにまったくお金を投じていない場合は28分、サービス料金50ドルを支払った場合は49分でした。女性の場合では、料金が0だった場合は

13分、50ドルでは28分でした。

［コラム］仮想世界では不細工ほど盛りがち？

数年前、私は出会いサイトで大学院卒だとプロフィールに書いていた男とチャットをしました。何の学位を持っているのかと聞くと、男は実は6年もコミュニティ・カレッジに在籍し、何度も課程をやり直しつつ結局なんの学位も取れなかったと白状しました。いわく「今頃は博士になっているはずだったんだけどなあ！」私の返信は「さようなら」でした。

信頼できる相手との出会いを期待している時に騙されて良い気がする人はいません。おそらくだからこそ、この男と違って、デート・サイトのプロフィールはおおむね正確と様々な研究で示されているのでしょう。男は身長を少しサバ読み（2～3センチ程度）し、女は体重を少しサバ読み（3～4キロ程度）するのがせいぜいというのです。よほど身長や体重に目を光らせている人でもなければ、その程度のことは実際に会ってみても気が付かないことでしょう。

しかしコミュニケーション論の研究者カタリナ・トーマとジェフリー・ハンコッ

クがこのほど発表した研究結果では、仮想世界で恋人探しをする人々の中で、ある集団は飛び抜けて嘘をつきやすいことがわかっています。容姿に恵まれていない人々です。

魅力度の低い人々は、実際よりもはるかに写りの良い写真をプロフィールに載せ、身長や体重などの客観的データもサバ読みする傾向が強かったのです。

面白いことに、彼らは容姿の欠点を社会的ステイタスで補おうとはしないようです。もっと容姿の優れた人々に比べて、特に収入、学歴、職業などでサバ読みするわけではないのです。

ここから、より大きな問題が持ち上がります。それは男女とも、自分の容姿を客観的・相対的に評価できるという仮定が正しいのかどうかです。容姿の優れない人は、当初は正直なプロフィールを作成したが相手にされず、やがてやむなく容姿申告に手を加えていったのかもしれません。この場合、傍目には容姿に恵まれない人の方が嘘つきであるように見えます。しかし彼らは別に自分が容姿に恵まれないと正確かつ客観的に判断しているわけではなく、単に苦し紛れにデータに手を加えていった結果であるだけなのかもしれません。

最後に

ちょっと前、友人が知り合いの男と私を引き合わせようとしました。年齢は40代後半、失業を繰り返し、3人の子供がいながら泥沼の離婚劇の最中でした。私は「会うわ！」と2つ返事。ですが男は、研究者という良い仕事に就く私とのデートに「ノー・サンキューだ。25歳以下の女性にしか興味はないよ」と言ったのです。

これがセックスと恋愛の経済学の恩恵を一身に受けている男の姿です。

本書で述べているデート市場をめぐる経済学の話は、恋愛を求めている人にとって重要であるばかりか、現代社会の経済学的・社会的現象を説明する一助になっています。

例えばこの数十年間、最高所得層世帯と最低所得層世帯の所得格差は広がる一方ですが、その理由の一端を説明しています。デート市場が発達したおかげで自分と同様の所得水準の相手との出会いが容易になったから、というものです。高学歴で稼ぎの良い男性が、単に近所の幼馴染だからというだけの理由で低熟練・低賃金労働に就く高校の同級生と結ばれるなどという時代は、とうの昔に過ぎています。いまや高収入の男はやはり高収入の女性と結婚する可能性がはるかに高く、それはより多くの女性が高収入を得ているからだけのためではなく（もちろん得ているのですが）、より大きなデート市場で自分と釣り合う相手を探せるからでもあります。

より広く相手を探して出会いの質を高められるということは、同等の学歴や経済力を持った相手を見出しやすくなるということでもあります。すると高所得者が低所得者と結婚する世帯よりも、高所得者同士の世帯の方が世帯所得がはるかに高くなる道理です。

出会いの選択性が高まって旧来の所得階層分化がさらに進み、世帯格差をより大きくしているわけです。

デート市場の経済学的考察から得られる知見は他にもあります。こうした市場の非効率性のため、多くの人々が意に反して独身生活を長引かせているというものです。自らの恋愛市場における価値を測りかねたり、容易に把握できる属性（年齢、身長、学歴、人種、収入など）にこだわる一方で、相性のような重要な経験的質を見落とすことによって長いあいだ独り身を続けていると、早婚の様々な経済的メリットを享受できなくなってしまいます。

次章ではそのメリットについて探りますが、社会的な側面から見ると、結婚まで時間がかかると、全体的な出生率低下、シングルマザーの増加、30代～40代の夫婦に対する不妊治療、あるいは生涯結婚しないことなどの率が高まります。

これらの理由のため、シンガポールをはじめとする政府によっては、公設の無料婚活サイトを提供したり、婚活イベントを実施したり、男女を引き合わせるコツを仲介役に指南するワークショップを実施したりさえしています。

デート市場の経済学が教える最後の洞察は、黒人の独身女性の婚姻率が劇的に低下している理由です。黒人女性が黒人男性に比べて学業面で向上していること、そして黒人男性の収監率（後述）が高まっているからです。こうした要因は、異人種間の婚姻率が非常に低い黒人女性の婚姻率にのみに関与するのです。もし誰もが人種にこだわらなければ、黒人女性だろうが白人女性だろうが同等の結婚率になると考えておかしくありません。黒人女性の同人種の恋人を選好する傾向は、彼女らの婚姻率が非常に低い理由を説明しています。

となれば、結婚について触れないわけにはいきません。セックスと恋愛について何よりエコノミストの注目を集める話題は結婚です。エコノミストは変化をうまく捉えますが、結婚は良かれ悪しかれ変わりつつあります。結婚の法的定義のみならず、いつ結婚相手を選ぶのか、そして候補が見つかったらどのようにこの一大事に踏み切るのかが、われわれにとって最も重要な点です。次章で論じるように、婚活中ではないからといって、市場原理が私たちのセックスと恋愛生活に重要な役割を担っていないわけではありません。

Chapter 4

渡る世間は鬼ばかり

You Complete Me

「望み通りのものがいつも手に入るとは限らないが、試しているうちに必要なものは手に入れたとわかるもんさ」

ミック・ジャガーはロンドン・スクール・オブ・エコノミクスを2年で中退したかもしれませんが、少なくともある市場の働きについてはよく理解しているようです。恋愛の市場です。

恋愛と結婚では、人は必ずしも自分の望み通りの相手と結ばれるとは限りません。周りが成約していくたびに、あなた自身の価値に見合った相手しか得られなくなるからです。理論的には、あなたの結婚相手は相応であるはずです。さもなければ、どちらかがじっくり粘って自分よりも高い市場価値を持つ相手をつかまえたかです。経済学的な交換理論によれば、最も生産的な出会いは、互いに大きく異なっているため相手から得るところがある場合となります。だから、理想の相手ではないまでも、できれば自分と同じ市場価値を持つ相手が望ましいことになります。

結婚相手をどう選んでいるのかを論じる前に、人はどうして結婚するのかについて少し考えてみましょう。夫婦が結婚生活にどんな資質を持ちよっているのかを理解するために、それが最も役に立つからです。

ちなみに、本章以降で扱うカップルの同居についての記述は、正式な結婚だけでなく長期的に同居するつもりのいかなる関係にも当てはまります。そして夫や妻、新郎新婦などという用語を用いたとしても、同性婚の場合にも当てはまることをおことわりしておきます。

ありきたりではない恋バナ

まずは経済学に基づいた全く新しい結婚の誓いについての考えを述べずにはいられません。例えば、お互いの強みと弱みを補い合えるものです。これを一夜の火遊びで妊娠した新米女子大生ジェーンが理解していれば（彼女についてはまた6章で扱います）、きっと理想的な結婚になったことでしょう。

新郎：私は彼女との契約を結ぶことに同意します。それは私たちの結婚生活にわたって有効です。私は確かに新婦よりはるかに質の高い他の女性たちに出会いましたが、彼女たちは私に飽き足りなかったために、あなたとの結婚に至ったことを受け入れます。あなたは学歴と収入の点で私の希望を欠いていますが、そのぶんは若さと外見的魅力で埋め合わせてあまりあります。そして私は、このトレードオフはあなたを妻として選ぶに十分なものと誓います。私は誠実であることを誓います。あなたの魅力は加齢とともに不可避的に低下するものであり、相手を探すことは低コストなのでいずれ新たな妻を求める動機になるにもかかわらずです。私は良い家庭を築くという共同の目標に向かってあなたと家事を分担することを誓います。また私たちの世帯の将来の収入に対するあなたの期待を満たすため、自らの人的資本を投入し続けることを誓います。あまり合理的ではないかもしれませんが、私は子供たちと資産ポートフォリオに投資することを誓います。あたかも、死が私たちを分かつ時まで私たち家族が一緒であることを期待するがごとく。

新婦：私は彼との契約を結ぶことに同意します。それは私たちの結婚生活にわたって有効です。私は確かに新郎よりはるかに質の高い他の男性たちに出会いましたが、彼らは私に飽き足りなかったために、あなたとの結婚に至ったことを受け入れます。あなたは身長と容姿の点で私の希望を欠いていますが、その分は学歴と職業選択で埋め合わせてあまりあります。そして私は、このトレードオフはあなたを夫として選ぶに十分なものと誓います。私は私たちの結婚生活で生まれるどの子供についても生物学的にあなたの子供であることを誓います。たとえ、よりすぐれた遺伝的資質を与えてくれる他の男性に短期間目移りすることは確実でもです。また子供たちの人的資源を育むために、自らの人的資本を犠牲にすることを誓います。あなたが家庭の幸福のために必要な資源を十分に持ちよってくれることがわかっているからです。あまり合理的ではないかもしれませんが、私は敢えてリスクを取り、結婚生活と資産ポートフォリオに投資することを誓います。あたかも、死が私たちを分かつ時まで私たち家族が一緒であることを期待するがごとく。

ここで新郎新婦は結婚指輪を交換し、新婦の姉妹が前に進み出てビートルズの『キャント・バイ・ミー・ラブ』を歌います。あるいはもっと今風にやりたければ、パニック・アット・ザ・ディスコの『いつわりのウェディング』です。新郎と新婦にとって、「落ち着いて合理的に考えた方がずっといいよ」という歌詞が賢明な助言になるからです。

［コラム］夫の価値は何のため？

ビクトリア・バーノンが先ごろ発表した研究結果によると、一部の既婚女性は独身女性よりも日に34分多く余暇を手に入れています。家内の財とサービス生産の分担の恩恵に浴している証拠と言えます。ですがこれは高収入世帯の既婚女性に限った話。低所得世帯の既婚女性は、子供がいれば15分から34分、子供がいなければ37分から48分、長く働かなければなりません。

既婚男性については余暇の恩恵などなく、高所得世帯の場合は子供がなければ13分多く、子供がいれば35分長く働きます。低所得世帯の既婚男性の場合ははるかに長く、子なしなら83分、子供がいれば1時間50分よけいに働かなければなりません。

重要な事実があります。高収入世帯の既婚女性は独身女性に比べて余暇時間が長い一方で、家事もより長くやっているということです。余暇時間が長いのは、単に賃金労働市場で過ごす時間が短い結果です。実際、子供のいる既婚女性は、独身女性に比べて1日当たり掃除に31分から41分、料理に41分から50分、雑用に8分から11分も多く時間を費やしています。

だからと言って既婚女性が不利というわけではありません。彼女たちは、家事で自らの比較優位性を発揮し、その間、伴侶は賃金労働者として比較優位性を追求しているということです。この比較優位性の理由はおそらく、彼女たちが洗濯物を畳むことが特別にうまいからというわけではなく、男性の方が高い給与が得られるからでしょう。

夫が家事を手伝ってくれれば低所得世帯の妻が外で働く34分を短縮できるのではと思うかもしれません。しかし、別の人に家事をやってもらう理由は、その方が家事の質がはるかに高くなるからかもしれません。他に考えられる理由として、既婚者の中には分業の比較優位性を理解せず、ただ仕事を分ければいいと誤解している人たちがいます。双方がそれぞれ自分の方が得意な仕事を引き受けるのではなく、伴侶の一方が得意な仕事を全部やればいいと思っているのです。

人は様々な理由で結婚しますが、経済学的な見地からいえば、2つのことにつきつめられます。家庭内の財やサービスを効率的に生産すること、そして悪い時の保険になること、です。保険という話題についてはカップルが結婚生活でどんな交渉をするのかについての第6章に譲ります。ここでは家庭内の財やサービス——愛情、セックス、子作りを含む——の生産を最大化する資質について扱います。

家庭内の財やサービスは1人でも生産できたり市場で購入することもできますが、2人の方がより効率的に(すなわち低コストに)生産できます。いくつか例を挙げてみましょう。

第1に、愛情とセックスです。愛情はともかく、セックスは市場で買うことができます。しかし非常に高価です。直接的なサービス価格の問題だけでなく、性病をもらう危険、購買行動が発覚した際の恥辱や汚名、違法な購入行動の場合には逮捕、そして暴力などです。かてて加えて手間もかかり、買春は家庭内でコトを済ませる場合に比べてはるかに非効率的です。もちろんカジュアル・セックス市場（バーや仮想世界でセックスを求めること）を訪ねることはできますが、これらは大っぴらな性風俗産業と同じリスクを伴っている上に、年をとればとるほど目的を達しにくくなるという問題もあります。

一般的に既婚者は未婚者ほどセックスをしていないという通念がありますが、デビッド・ブランチフラワーとアンドリュー・オズワルドの研究では、既婚者の方がはるかに頻繁にセックスをしているエビデンスが得られています。月にセックスを2～3回以上する人は既婚者では76％であるのに対し、結婚経験のない人の場合は57％、離婚、別居、伴侶と死別した人の場合は41％です。さらに、過去12カ月に1度もセックスをしていない人は、離婚、別居、伴侶と死別した人の場合は43％、結婚経験のない人の場合は24％に上ります。これに対し、既婚者ではわずか6％しかいないのです。

セックスの数と質は別問題だと言いたい人もいるでしょう。その通りかもしれませんが、同じ調査では過去12カ月に1人のセックスパートナーしかいなかった人の方が、複数の相手がいた人よりも、ずっと幸せであることがわかっています。これは結婚生活におけるセックスの方が質的に優れている証拠にはおそらくならないでしょうが、より多くの相手とセックスをすることが幸福の増進（自己申告）には結び付かないエビデンスにはなります。

セックスを結婚生活がもたらす「サービス」と考えるのなら、人が結婚する理由の1つは、その方がそれを低コストで手に入れられるからであることは明らかなようです。

家庭内の財やサービスの第2は、生物学的に自分の子供を持つことです。全てのカップルが子供を欲しがっているわけではありませんし、欲しいのに授からないカップルも多いのですが、子供が欲しい妊娠可能な異性愛者のカップルにとって、結婚はそれを実現するための最も費用対効果の高い方法です。他にも市場的な代替手段はあり、また女性にとっては非市場的代替手段もありますが、これらもやはり高価で不便です。

結婚生活で子供を作ることは、女性にとっては父親が手間や資源あるいはその両者を提供し続けてくれる見込みを高めます。男性にとっては、その子供が他の誰かの種でなく自分自身の子供であることの見込みを高めます。

結婚は生物学的に子供を作る唯一の手段ではありませんが、最も費用対効果が高いのです。実際、妊娠可能でセックスを楽しんでいる夫婦にとってはタダ同然です。

家庭内の財やサービスの第3は、おそらく最も経済的な側面でもありますが、家事サービス、すなわち炊事洗濯掃除などです。これらを結婚している夫婦の方が安価に生産できるのは、2国間で貿易をした方が鎖国して完全に自給自足するよりも互いに繁栄できることと同じです。

人も国家も、何が得意かは個々別々です。もしどちらかが家事が得意なら、その人にそれに専念させ、もう一方は別のもっと得意な仕事をした方がましです。

私の知る夫婦ジョーダンとアレックスを例に話をしましょう。彼らには、生後20カ月の子供がいます。2人は毎晩欠かせない家事を抱えています。子供を寝かしつけ、キッチンを掃除することです。彼らの話では、いずれもジョーダンの方がうまく、アレックスよりも手早くこなすということです。

より具体的には、キッチンの掃除についてはジョーダンが45分、アレックスは60分かかり、娘を寝かしつけるにはそれぞれ30分と60分かかります。

となればジョーダンがトータル1時間15分かけて2つの家事をやっている間アレックスはテレビを見ている方がよさそうです。ですが、この分業では、2人は交換によるメリットを享受していません。雑用をもっと効果的に分配する方法があるのです。

そのためには、まず互いにどんな家事に比較優位性を持っているのかを明らかにしなければなりません。つまりどんな家事なら相対的にうまくできるのかを明らかにすることです。ジョーダンは2つの家事のいずれもよりうまくやれるかもしれませんが、子供の寝かしつけはキッチン掃除の3分の2の時間でできます（30分／45分）。アレックスは子供を寝かしつけるには60分が必要ですが、キッチン掃除もそれと同じ時間で終えられます。

だからアレックスはキッチンの掃除に、ジョーダンは子供の寝かしつけにより大きな比較優位性を持っているのです。それが2人にとってよりうまくできる方の家事だからです。

この世帯にとって最善の家事分担は、ジョーダンが子供を寝かしつけている間、アレックスがキッチンの掃除をすることでしょう。家事がこれら2つだけだったとして、ジョーダンはアレックスよりも早く自分の仕事を終えられるのですから、先に手が空いてアレックスのキッチン掃除す。

を手伝ってやれます。だから効率を改善したいのなら、1人が皿洗い機を掃除している間にもう

1人がカウンターを掃除すればより早く仕事が終わり、45分未満で家事がすっかり片付くわけで

す。

もちろん読者のあなたが親御さんなら、きっと「それでうまくいけば苦労はない！」と思って

いることでしょう。

さらに室内がより清潔になり子供の世話も行き届くなど仕事の質が上がることも分担のメリッ

トです。家事をどう分担するかは夫婦が相談して決めることですが、研究によると、夫婦は総じ

て時間短縮と質の向上の両方を少しずつ享受しているようです。

分担のメリットは、結婚の重要な動機であるだけではありません。伴侶の選び方についても重

要な手掛かりになります。少なくとも理論的には、最も効率の良い結婚とは、互いに優れている

点が異なっている者同士の組み合わせです。

例えば、高収入の人が子供をフルタイムで育ててやりたいと思っているなら、育児が得意でそ

れに専念できる相手と結婚する方がうまくいきます。

このことは、産業革命の頃に結婚形態が「メイル・ブレッドウィナー・モデル（男性が生計の

糧を稼いでくる世帯形態）」へと進化していった説明になります。別に女性がもともと育児に向い

ているからではないのです。肉体労働は骨が折れるので男性の方が優位性を持ち、女性の方が家

事労働に相対的優位性を持っていたからです。家事の分担は変わりつつあり、子を持つ既婚女性

も労働力市場に参入しつつありますが、それは知識労働が増え、収入の男女差が縮まったからです。

相対的な強みを共同生活にもたらすという側面はまた、伝統的に年上の男性（経済力に優れる）が若い女性（妊性に比較優位性を持つ）と結婚する方が、その逆よりも一般的である理由も説明しています。しかしこの状況は急速に変わりつつあり、教育程度と経済力の高い女性が年下の男性と結婚することはいや増しています。

さらに、所得水準の高い国の一部の男性が、所得水準の低い外国に伴侶を求め、またそれを見つけられる理由もわかります。彼らは外国人嫁よりも経済力の点で優れ、その国の男性との理想的な女性をめぐる競争にも有利に臨めます。女性側も、少なくとも見たところ、男性の同国人よりも家事や育児に優れているようです。

この話題については、夫婦間の交渉をめぐる第6章で改めて触れます。その理由はもちろん、家事の分担で最終的に物を言うのは比較優位性ではないからです。比較優位性は単に、最小の時間と手間で家事を片付けたいと夫婦が考えた場合はどう分担するのが最も合理的かを示唆しているだけです。もし夫婦のいずれかあるいは両方が自分の仕事を最小限にしたいと思うだけなら、どちらが相手に全ての仕事を押しつけられるかだけの問題になります。

セックスレス・イン・ザ・シティ

恋愛を求める男女は、2つの理由で大都市を目指します。人口密度が高いところほど相手探しのコストが安いこと、そして候補人口が多いほど出会いの質が高まることです。

相手探しのコストが安いのは、単純に人口密度の高い場所の方が日常的により多くの人々と出会うからです。大都会の人々は喫茶店、レストラン、バーに出かけても毎日別の人と出会います。田舎ではこうした場所で会うのは同じ顔ぶればかりです。都市部では田舎のように気さくに声をかけないものかもしれませんが、そうだとしても圧倒的な人口の多さのため相手が早く見つかるのです。

あなたには5人の同僚がいるとします。彼らに、恋人を探しているから独り身の知り合いがいたら紹介してくれと頼みます。人口密度の高い場所なら、5人が1人ずつ紹介してくれれば5人の候補と出会えます。人の多い所では同僚もみな別々の人脈を持っている可能性があるので、これは可能です。しかし人口の少ない地域では、複数の同僚が同じ人脈に属しているかもしれず、その場合は同じ候補を紹介されて結局1人か2人としか出会えないかもしれません。

このように田舎の出会いが少ない環境で紹介を頼んでも、理想の相手と出会える見込みは低く、時間もかかり、ずっとコスト高です（相手探しのコストという概念がはっきりしないのなら、女性が婚活していると して向こう2〜3年以内に結婚しなければ子を持てる見込みが大きく減ると思ってください。彼女にとっては、婚活に手間取る「コスト」とは子供が得られるかどうかで表されます。もちろん、結婚相手が見つからずにより長く独り身をかこつことが「コスト」だという人もいるでしょう)。

出会い機会が少ない環境での2番目の選択肢は、不毛な相手探しに見切りをつけて身近な相手で間に合わせることです。

そしてこれ(を避けること)が独身者が都会に相手を探しにいくもう1つの理由で、コストの低い都会の方が出会いの質が高いからです。

先の同僚に紹介を頼む例に戻りましょう。将来の伴侶として、あなたには相手に求める最低限の条件があります。これがあなたの伴侶候補に対する留保価値です。あなたはこの価値水準を超える相手とのみ結婚します。

そんな相手はめったにいないとわかっている田舎では、そもそも留保価値をとても低く設定します。さもなければ婚活コストが非常に高くなってしまうからです。しかし都会のように候補がいくらでもいると思えば、それを高く設定しても低コストで達成できるかもしれないと思います。もっと腰を据えて探してもいずれより良い相手が見つかるだろうと思うわけです。

デートサイトが結婚の質を高めるかもしれないというのも同じ理屈です。オンラインでの婚活は低コストなので、留保価値を高く設定するようになるのです。

都会の方が婚活コストが低く、質の良い相手が見つけやすいとなれば、独身者が都会を目指すことに不思議はありません。

さらに、伴侶探しの終わった既婚者は都心を後にし、住宅価格が安く育児に向いている環境へと移ることが多いものです。ということは、都市部には独身者の数が多いばかりか、人口比率的にもそうであることになります。

つまり職場の同僚に紹介を頼むにしても、田舎より都会の方がより多くの独身者と出会える可能性が高いのです。

さて、出会いには都会がなべて有利とここまで話してきた上で、伝統的に都会の結婚市場で相手探しに苦戦してきた人口集団がいます。高学歴女性です。

ロデリック・ダンカンは、都市部の結婚市場に多くの高学歴独身女性がいる理由は、人数比と女性側の好みの問題であるとしています。いまでは女性の方が大学進学率が高いので高学歴女性は高学歴男性を数で大幅に上回ります。その上、高学歴女性は男性に自分以上の学歴を求めますが、高学歴男性は女性にそんな条件は求めません。

1980年代以降、女性の方が大学進学率がはるかに高く、恋愛市場で激しい競争をしていることは第1章で触れました。さらに、比較優位性を生かすため、伝統的に給与が高い男性が給与労働をし、女性が家事を分担するようになってきたことも扱いました。

やがてそれが定着し、女性は男性に自分よりも良い稼ぎを期待するようになりました。しかし高学歴の男性が高学歴な女性よりも相対的に少なくなったいま、少なくとも一部の女性は、そうした期待を叶えられなくなりました。それにつれて通り相場も変わりつつありますが、その変化は緩慢で、当面は多くの女性が自分にふさわしいと思う男性を見つけられずに苦しんでいます。

かつて大半の人が高卒以下の学歴しかなかった時代には、多くの女性が自分よりも学歴の低い男性と結婚していました。これは主に、大半の女性は男性よりも高校を修了していることが多いためでした。私自身の両親が良い例です。母は米国で教育を受けた高卒です。父は南アフリカで生まれ、高校教育はついぞ受けず、14歳で軍に入隊しました。2人の結婚当時、高卒女性が学校を中退して働き始めた男性と結婚するのは何も珍しいことではありませんでした。

ロデリック・ダンカンの論文によれば、1940年には高卒女性の45％は高校修了未満の男性と結婚し、カレッジ入学以上の男性と結婚した高卒女性はわずか20％でした。1960年には状況はいくらか変わり、高卒女性のうち高校未修了の男性と結婚した人は33％、一方、カレッジ入学以上の男性と結婚した人は23％でした。1990年には、高卒女性のうち高卒未満の男性と結婚する女性より、カレッジ以上の学歴を持つ男性と結婚する人の方が多くなっていました。

このエビデンスは先の比較優位性についての記述と矛盾するように見えるかもしれませんが、昔は高校をおえていない男性でも高卒の妻以上の賃金が得られたのです。だから、高卒の妻が学歴で自分以下の男性と結婚しても、より多い世帯収入を見込めたわけです。

ここから、次のことが考えられます。長い間女性は男性の学歴にはさほどこだわらなかった。

仮に自分より低学歴でも高収入が期待できたからだ。自分より学歴の高い男性を探そうとする女性は、長い間、主に大卒女性だった。だがこの30年、低学歴労働者の賃金が低下する一方で女性の賃上げもあって男女の賃金格差が縮まるにつれて、高卒未満の男たちはもはや高卒の妻ほどの賃金も得られなくなり、低学歴女性も自分以上の学歴の男性を求めるようになった……。

より多くの女性が高学歴男性を求めるようになるということは、高学歴女性にとって競争が厳しくなることを意味します。ただでさえ女性の方が大卒が多い上、低学歴の女性も高学歴男性を追い求めるからです。

男性はより学歴の高い伴侶を求めてはいないようであり、女性が家事をやり男性が糧を稼ぐことが世の通り相場であり、したがって男性はいそいそと自分より学歴の低い女性と結婚し、自分は賃金労働に専念してきた……。デートサイトについての第3章で扱ったエビデンスも、この考えを下支えしています。仮想世界で相手を探す男性は、女性の収入などほとんど気にもしていないのです。

独身者が都会を目指す理由は、より良い結婚市場のためだけではありません。高学歴労働者の報酬が田舎より高いからでもあります。これは男女ともに言えることですが、高学歴女性の場合にはさらに別のインセンティブもあります。都会の方が高学歴の夫を見つけられる可能性がはるかに高いのです。そして低学歴の女性も同じ理由で都会を目指します。彼女たちは都会で賃金の高い職は得られないかもしれませんが、田舎にいるより高学歴の夫を見つけられる可能性がはるかに高いからです。高学歴労働者に対する高報酬に男女の別はありませんが、婚活という点では、どんな学歴の女性にとっても垂涎の的である高学歴／高収入男性を、田舎より見つけやすいのです。

　レナ・エドランドはスウェーデンのデータを使ってこの仮説を検証しています。その結果、都市に住む男性（25歳から44歳）の収入が高ければ高いほど、その都市には男性よりも女性住民の比率が高いことがわかりました。これは面白い結果です。都市で男性の賃金が高いなら、より多くの男性が都市に流入しそうなものだからです。その通りかもしれませんが、高収入の男性を求めて女性の流入もきたしており、むしろ男性以上に女性が集まるのです。ということは、都会では収入の高い男性はより多くの女性を得られることになります。

　そこで私は考えてしまいます。女性たちは、どこまで進学するかを考える際に、結婚市場での見込みを考慮に入れているのかしら？　もし完全に先が読めるなら、学歴を重ねるほどいずれ夫探しの競争が激しくなるとわかるはずです（通例通り卒業後に伴侶探しをする場合）。どの教育段階でも男性の方が少なく、こうした男性の多くは自分よりも学歴の低い女性といそいそと結婚します。伴侶探しを始めた時にはそれなりの年齢に達している高学歴女性は、若い低学歴女性との競争にもさらされるのです。

　カナダのエコノミストのシルベイン・デシーとハビバ・デバリが先ごろ発表した研究はこの問題に取り組み、影響力の大きい職に男性の方が多い理由の1つを見出しています。女性は後で婿探しに苦労しないように、若いうちに結婚しているから、というものです。

実際、少なくとも一部の女性がそうしているエビデンスがあります。進学は、それが結婚の遅れをきたす場合、妊娠可能な数年間を食いつぶしてしまいます。もし高学歴の男性が、高学歴／高年齢女性よりも、低学歴／若年女性を選好するなら、女性にとっては進学せずに若いうちに高学歴の男性を捕まえた方が得になります。

このことは、高学歴でありながらも自分の比較優位性は外で働くより家事労働や育児にあるのだと思う女性にとって、いっそう当てはまります。

いずれにせよ、高学歴の女性に相対的に少ない伴侶候補しかいない現状は、供給が需要を上回っているので、均衡状態とは言えません。この市場を均衡状態に引き戻すものを、私は3つ考え付きます。

第1には、男性は結婚市場での位置を向上するために教育投資を続けるでしょう。10代の少年が進学にあたって結婚の見込みを考慮するかどうかは怪しいですが、進学するかどうかを考える際にヤレる見込みを考慮することは十分に考えられます。第2章のエビデンスに裏打ちされたこの理由だけでも、やがて大学で男子学生の方が多くなることは十分に考えられます。

第2は、都市在住の高学歴女性が別の伴侶市場、すなわち田舎の結婚市場を考えるようになることです。都会では高学歴女性の数が男性より多いのと同じ理由で、田舎では低学歴の男性が女性より多いのです。この10年、技術の発展のおかげで高給労働者が働く場所を選ぶ柔軟性は高まっています。女性が自分より学歴の低い男性と結婚しても良いと思うなら――そして実際、ピュー・リサーチ・センターの調べでは、現在でも自分よりも学歴の低い夫を持つ妻（28％）は、より学歴の高い夫を持つ妻（19％）よりも多いのです――田舎で働けるような仕事を都会で見つけた女性にとっては、そうすることが正解かもしれません。

最後の可能性は、高学歴女性が、自分より低学歴／低収入の男性と結婚するより、独身を続けるというものです。この場合、既に論じた結婚が家庭にもたらすメリットは得られないでしょうが、多くの人にとって、結婚生活がもたらす財やサービスへのニーズは高い収入のおかげで賄えます（精子バンクを利用するなど）。多くの女性にとって、これで問題はないのです。

［コラム］銀幕のスターたちの結婚でさえ、学歴は大事

エコノミストのグスタフ・ブルーズは、ハリウッド俳優トップ400人の現在の結婚状態についての情報を分析し、スターも男女を問わず自分と同等の学歴の相手と結婚していることを突き止めました。

2008年のデータを用いると、トップ400人に含まれる男優のうち52％が結婚しています。女優ではるかに少なく、平均年齢が41歳であるにもかかわらず、

わずか38％しかいません。結婚しているスターのうちやはり映画俳優だったり、歌手や音楽家であるなど有名人と結婚している人はせいぜい半分。結婚しているスターのうち現在の相手と結婚した年齢は平均して男性では38歳、女性では35歳。トップ俳優の大多数は、1度も結婚したことがない（27％）か、かつて1度結婚していたことがあった（45％）という状態で、米国民平均と比べ、前者は少し高く、後者は少し低いと言えます。また、2度結婚歴がある（20％）とか3度結婚歴がある（8％）という点では米国民の平均像より少し高いのですが、差は無視できる程度です。

一般的にハリウッドのスターたちの結婚など別れてはくっつきを繰り返しているように見えますが、一般人とそれほど変わってはいないのです。興味深いのは、スターの場合は、一般人と違って教育程度が収入に結び付いていないこと、むしろ学校では学ばない様々な要素の方が収入に関わっていることです。ハリウッドの結婚市場では、成婚は学歴ではなく収入増大に結びつく別の要素――容姿など――を見るべきです。

奇妙なことに、ハリウッドスターにとってさえ、伴侶の学歴は物を言うようです。映画スターでも、自分と同程度の学歴の伴侶を選んでいることは、一般人と変わりません。面白い現象です。なぜなら、スターでさえ同程度の学歴者を選ぶということとは、経済力の見込み以外の何かを示唆しているからです。おそらく同程度の学歴の人は相手との共通項が多く、有名人にとってさえその共通性が重要なのです。

［コラム］結婚は経済的階級制度を強化する

いざゴールインするまでに、カップルは様々な属性、例えば収入層、教育程度、宗教別、身長、容姿、体重などの点ではっきりと分化するもののようです。そしてカーウィン・コフィ・チャールズ、エリック・ハースト、アレクサンドラ・キルワルドが最近発表した調査では、ある要素が結婚の分化要因として重要である様子が明かされています。親の資産です。

親の資産が1000ドル未満の男性の結婚相手をランダムに決めたとしたら、伴侶の親の資産もやはり1000ドル未満である可能性は、わずか16％しかないはずです。ですが、実際には35％なのです。

一方、親の資産が10万ドル以上の男性が、やはり親の資産が10万ドル以上の女性と結婚するランダムな確率は、39％にとどまるはずです。しかし実際には60％です。

そして彼らのうち親の資産が1000ドル未満の女性と結婚する人はたった7％に過ぎません。

親の所得が結婚市場に関わることは意外ではなく、それには様々な理由があります。親の社交範囲の中で将来の伴侶を見つけることが多かったり、所得階層が同じ人の方が共通の興味が多いなどです。

面白いのは、この伴侶選びを通じて階層分化が進むということは、結婚によって得られるものが所得階層によって異なることを意味していることです。豊かな出自の人は、貧しい出自の人よりも、結婚によってはるかに豊かになるのです。そしてこれが、高所得層の方が結婚率が高い理由なのかもしれません。子供の所得（やそれを可能にする学歴）は親の所得と相関しているからです。

またこうした伴侶選びは、所得格差が時間の経過とともにどんどん広がっていくことをも示唆しています。豊かな家の子弟は自分の親の資産を相続するだけでなく、伴侶の親のそれをも相続するのです。一方、貧しい出自の人は自分の親だけでなく伴侶の親の負債まで引き継ぎます。伴侶選びにおいて親の収入が物を言うことは、やがて富はごくわずかな人々の手に集中することを意味しています。

非伝統的な結婚、そして結婚できなさそうな人に学ぶ教訓

これまで論じたことの多くは、異性愛者同士の結びつきにとどまらず同性愛者の場合にも成り立ちます。しかし同性愛者の場合、ある1点が違います。男女の賃金ギャップの影響です。つまりどこまで進学するかを考える時、レズビアンにとっては、伴侶が自分より高い収入を稼げる見込みが異性愛者の場合とは違うのです。

面白い報告があります。レズビアンは異性愛者の女性よりも6%から13%ほど所得が高いのです。このレズビアンの所得プレミアムの謎に挑んだある研究は、男性との結婚を前提にしている異性愛者の女性が教育投資をどう考えているのかについて洞察を与えてくれるものです。

様々なエビデンスによれば、レズビアンはその他の女性に比べ、より教育程度が高く、白人であることが多く、都市在住者が圧倒的に多く、子供が少なく、専門職に就いていることがはるかに多いのです。そして性的指向以外の全ての属性を揃えて調整した後でさえ、レズビアンの方が(異性愛女性よりも)所得が高いのです。

考えられる説明の1つは、これまでも論じてきた比較優位性です。男性の方が歴史的に外で働いて多くの給与を得てきたので、女性は家事に比較優位性を持ってきたというものです。

男女の給与格差は縮まったかもしれませんが、女性がいずれ自分よりも高い給与を稼ぐ男性と

結婚すると思えば、労働力市場で優位に立つためのスキル養成投資の意味は薄れます。エコノミストが「人的資本」と呼ぶこの投資は、正式な教育だけを指すわけではありません（学歴などは同等比較のために調整可能です）。データからはわからない、しかし高い給与を勝ち取るために市場が評価する様々なスキル、例えば昇進を視野に入れての努力なども含みます。

男性と結婚する気がなく、女性のパートナーとの将来を望むレズビアン女性は、他の女性のように自らの人的資本への投資をおろそかにしません。そしてパートナーになる女性が自分より経済力が高いか低いかもわかりません。いずれ自分より経済力の高い男性と結婚するのだから自分は家事で比較優位性を発揮すればいいなどとは思っていないレズビアン女性にとって、労働力市場で武器になるスキルへの投資を増やすことは理に適っているのです。

ナッサー・ダネシュバリ、ジェフリー・ワッドウップス、ブラッドリー・ウィマーは、この理論を良質な論文で検証しました。2つの全く異なるレズビアン女性集団の賃金格差を調べたのです。1つの集団はかつて男性と結婚していたレズビアン女性集団、もう1つは結婚歴のないレズビアン女性集団です。これは論理的な仮説に基づいた調査設計でした。男性との結婚歴がある人たち（標本中およそ44%）は、おそらくかつては自分より高い収入の相手（男性）と結婚するという見込みを持っていたと考えられます。一方、結婚歴のない女性たちもこの期待はあったかもしれませんが、やはり総じて女性と結ばれることを予期していたでしょう。

さて、レズビアンの給与プレミアムはより市場志向なスキルへの自己投資によるものだという仮説を裏付けるエビデンスは得られたでしょうか？　男性との結婚歴の有無で調整して比較すると、レズビアン・プレミアムは17％減り、理論に対するある程度の裏付けは得られました。それでも男性との結婚歴のあるレズビアン女性でさえ、それ以外の女性に比べていまだ５・２％高い収入を得ていたのです。どうしてこのプレミアムが存続しているのかは謎です。

いずれ結婚するものと思っている女性がキャリア投資を控えめにすることのエビデンスは他にもあります。それは、結婚の見込みが低いと思ってもおかしくない肥満体の女性集団の調査で得られたエビデンスです。

健康問題を専門とするエコノミストのヘザー・ブラウンは、独身の肥満体女性は体格指数（ＢＭＩ）が低い似たような女性に比べて高い賃金を得ていることを明かしています。ですが、ちょっとわかりにくいことに、既婚者まで含めると肥満体女性は稼ぎが悪くなるのです。

所得に関わりそうな様々な属性（職種、健康状態、学歴、年齢、子供の数など）を調整すると、既婚男性と独身女性のいずれの場合でも、ＢＭＩと収入は正の相関を示していました。つまり太っているほど高い給与を稼いでいたのです。

一方、独身の男性と既婚女性については、ＢＭＩと収入は負の相関を示していました。太っているほど、所得が少なかったのです。

肥満の既婚男性がどうして収入が高いのかについてのブラウンの主張は、男性の場合は太りすぎても女性ほど結婚市場で不利（伴侶が見つからないなど）にはならないが、身体的魅力を損ねている分、妻たちに償うためもっとキャリアに投資をするため、というものです。

米国および欧州9カ国のデータを用いたピエール＝アンドレ・チャポリ、ソニア・オレフィス、クライメント・クィンタナ＝ドメクによる調査では、第3章で論じたトレードオフを用いてこの点を示しています。平均的な男性は、体重が10kg増えるごとに平均所得よりも1％多く稼いで妻たちに償いをしているというのです。しかし肥満体女性は結婚市場で深刻に不利になっていることも明かされています。結婚の見込みが低くなるばかりか、実際に結婚しても低所得の男性とすることが多いのです。既婚女性の場合、太れば太るほど確実に結婚相手の所得が下がっていくのです。

ヘザー・ブラウンの結論は、肥満体の独身女性は結婚の見込みが低いことを自覚し、また結婚できたにしても相手はおそらく低所得の男性と覚悟しているので、通常の結婚生活並みの生活水準を目指して人的資本への自己投資を怠らないというものです。

さらに、将来の旦那様が肥満体の自分と結婚してくれることへの償いのためにキャリア投資を増やしているのかもしれません。こうした償いがあり得ることを示すエビデンスはいくつかありますが、肥満体男性の場合ほど効果的ではありません。

いずれ自分より潜在的経済力の高い相手と結婚すると信じている女性は、そのためにキャリア投資を減らしているようです。したがって、夫婦による家庭の財やサービス生産の分担の背景にある経済学は、伴侶の選び方だけでなく、女性の職場進出が大きく進んだ後も男女の賃金格差がしぶとく残っている理由の一端も明かしています。それを差別的な雇用主のせいにするのは実に簡単なのですが、どうやら一部の女性の結婚への期待が、女性全般の労働生産性と賃金の低さに結び付いているようなのです。

塀の内側で過ごす期間が婚姻率の低下を招く

ピュー・リサーチ・センターの資料によれば、１９７０年には30歳から44歳までの黒人女性の62％が結婚していましたが、２００７年になるとこの率はわずか33％に低下しています。黒人男性の婚姻率も同じく下がっています。１９７０年には74％だったものが、２００７年には44％です。

高学歴女性の常で、高学歴の伴侶を求める黒人女性は大苦戦しています。黒人女性の57％は大学に進学していますが、黒人男性の場合はわずか48％に過ぎません。となれば、学士号を持つ黒人男性が高校未修了の黒人男性よりもはるかに婚姻率が高いことは驚くにあたりません。高卒未満の場合は27％しか結婚していないのに対し、大卒者では55％が結婚しているのです。

しかし教育水準の違いだけでは黒人女性の結婚率が著しく低いことは説明できません。その他の仮説として、黒人男性の収監率は、黒人女性に比べて、いや他の誰よりも高いからだ、というものがあります。黒人女性が黒人男性との結婚を選好するのなら――実際、既婚黒人女性の96％

は黒人男性の伴侶を得ています――、高収監率は結婚適齢期の黒人女性にとって不利に働きます。収監者はその間シャバにいないためだけでなく、犯罪歴があるとその後も家庭を養うだけの収入を得ることがはるかに難しくなるためでもあります。

1980年代後半の「ダメ、ぜったい」キャンペーンは、米国の薬物関連の犯罪者の収監率を大幅に高めました。それ以来、とりわけ1990年代半ば以降、収監率は着実に上昇を続け、米国はいまや世界で最も高い収監率を誇る（?）国の1つになっています。これは犯罪が多いからだけでなく、懲役の長期化のためにいつの時点でも多くの人が収監されているためでもあります。

収監率は社会経済学的階層や人種によって大きく異なります。2004年のデータでは、25歳から29歳までの黒人男性の12・5%が収監されていますが、ヒスパニックではわずか3・5%、白人の場合は1・7%に過ぎません。女性が近所で伴侶を探すとすれば、収監率の高い人々の多い界隈の女性は不利になります。

カーウィン・コフィ・チャールズとミン・チン・ローの調査では、収監率がわずか1%上がるだけで、生涯未婚の女性の率が2・4%も上がることが明かされています。1990年以来婚姻率が13%も下がっているのは男性の収監率の上昇だけで説明できるというのが彼らの主張です。オトコ不足に最も影響されているのは黒人女性で、黒人女性の婚姻率が1990年以来18%も下がっているのはそのせいだというのです。

収監や男女の教育程度の違いがいや増す黒人女性の婚姻率低下の原因と考えられるなら、ではどうして高学歴の黒人男性もかつてに比べてあまり結婚しなくなっているのでしょう？　高学歴の伴侶を求める女性に対し相対的に希少になる分、彼らの婚姻率は高まっていると考えたくもなります。ですが、明らかにそうなってはいないのです。

数少ない高学歴の黒人男性は結婚市場で高い価値を持ちますが、同時に、希少であるがゆえにカジュアル・デートやセックス市場でも交渉力を持つのです。教育のある黒人男性は、結婚などいつでもできると思っているので、なんなら飽きるまでカジュアル・セックスを楽しんでから結婚することもできます。こうして結婚を後回しにすれば、任意の時点を取れば彼らの婚姻率が低く見えるのは当然です。

［コラム］人種間結婚を促す教育

面白い問いがあります。伴侶を探すにあたって、自分と同等の学歴か、同じ人種かのトレードオフを迫られた時、人はどちらを選ぶでしょう？

デリア・ファータドとニコラオス・セオドロポウロスは、米国の国勢調査データを用いて、学歴が1年分高くなるにつれて同人種と結婚する率は1・2％ずつ下がっていくことを発見しました。

つまり、より高い教育を受けた人ほど、自分と違う人種と結婚する率が高いわけです。学歴が高い人ほど地元を離れて生活したり働いたりすることを思えば、不思議ではありません。

面白いのは、平均して教育程度の高い人種的コミュニティでは、この教育と異人種の伴侶を選好する傾向との関連は消滅してしまうことです。実際、非常に教育程度の高い人が多い人種的コミュニティでは、むしろ自分と同人種と結婚する傾向が強いのです。

例えば、ピッツバーグの平均的なインド系住民は、その他の住民平均より教育を4年間長く受けています。この街のインド系住民にとっては教育歴が1年増えるにつれてインド系の血の入っている相手と結婚する率はほぼ2％以上増えます。したがってこのコミュニティでは、高学歴化は同人種との結婚率を高めています。

逆に、ウエスト・パーム・ビーチのグアテマラ系住民は、全体平均に比べて7年間教育歴が短いのです。この街のグアテマラ系住民にとっては教育歴が1年増えるにつれてグアテマラ系の血の入っていない相手と結婚する率が5％以上増えます。したがってこのコミュニティでは、高学歴化は別人種との結婚率を高めています。

エコノミストの多数説は、次のようなものです。両親は子供が将来できるだけ稼げるように教育を授けてやっているが、同時に、もし子供に同じ人種の伴侶を得てほしいと思っているのなら、最もそうなりやすくするべく授ける教育程度を選んでいるのかもしれません。そしてその程度は、子供の将来の物質的な豊かさをもたらす教育程度とは大きく違うかもしれません。異人種間結婚と学歴の関係を明かせば、人種的集団によって教育投資の程度が大きく異なる理由もわかるかもしれません。

最後に

経済的結婚の誓いが大流行するとは思いませんが、誰もが完璧ではないと認めることは有意義なはずです。例えば私は自分と同等程度の学歴の相手を望みます。共通点が多ければいいと思うからです。でも、例えば私より低学歴だけれど容姿がとても優れている男性が現れたら気が変わるかもしれません。目の保養になるからだけでなく、年をとっても健康でいられる可能性が高いからでもあります。確かに高い教育を受けた健康な男性と出会いたいのは山々ですが、もし見つからなければ（それ以上に私と付き合いたいと思うそんな人が見つからなければ）、健康か学歴の二者択一を迫られます。

先に経済学的力を考慮しない限り、世の中を十分に理解することはできないと言いました。伴侶選びほどこれがあてはまることはありません。経済学で最も重要な概念の1つは「機会費用」

です。生産要素をある用い方をする時、別の用い方をしていれば得られたであろう最大の生産量のことです。誰かとロマンチックな長期的関係を持つとは、まさしく機会費用をめぐる判断そのものです。別の相手と付き合った方がよくないか、それとも全く誰とも付き合わずにいるべきか……。

機会費用は経済的な力を受けるものであり、そのため経済が進化するに従って転変します。この考え方からは、学歴が経済力の主要な決定因子になり、給与労働における男性の優位性が薄らぎ、高度労働力にとっての機会が労働者を都市環境へと引き付けるにつれて、伴侶の選び方が変わっているのは無理もないことです。

これらの経済学的要因の全てが今日の結婚を形作り、将来もそうであり続けるのです。結婚と経済的要因の相関性を思えばなおさらです。男女ともに、自分の婚活競争力を考慮しながら重要な伴侶選びを決断するのです。男女の賃金格差と教育格差は（経済的結果の2つの例です）、これからも経済をめぐる人々の振る舞いにも影響されつつ決まっていくのです。

結婚した後も、機会費用の重要性はなくなりません。再婚の見込みが強いかどうかは、いまの結婚生活にも影響します。それが第5章のテーマです。ここでは法的、社会的観点から結婚という妙なる制度を考察します。

Chapter 5

結婚——この妙なる制度

Marriage Is a Fine Institution

結婚とは制度である

女優メイ・ウエストは名言を残しました。「結婚は妙《たえ》なる制度ね。でも私はまだ制度にとらわれたくないの」その通り、結婚は経済学的な意味で妙なる制度です。エコノミストにとって制度とは、人間の社会的行動を縛る規則や信条に過ぎません。だから社会学者や文化人類学者が結婚の定義についてこれまで半世紀以上も見解を統一できずにいるのをよそに、経済学者は、結婚とはそれによって共同体内で家族として認められるように取る個人の行動と朗らかに割り切っています。

〔コラム〕結婚制度小史

われわれの先祖がどんな婚姻関係を持っていたかは、食料の蓄積に大きく関係していました。

およそ500万年から180万年前までの祖先は、原始的な遊牧団で暮らし、長期的な伴侶を持ちませんでした。男女ともに多くの相手とセックスし、食料の交換はなべて性的な接遇と引き換えでした（ちなみに異性間のみならず同性間でもそうでした）。食べ物は果物、木の実、昆虫などで、これらは妊娠中も育児中も採取できるので、男どもは保護者や食料供給の担い手として必要とされず、結婚は無意味だったのです。

気候の温暖化が進み森林が後退すると、彼らはサバンナに進出しました。そこでの食べ物は植物、捕食動物の食べ残した肉、そしてやがて道具を使って自ら動物を捕えて食べる肉などでした。肉食の割合が増えると早産が進み、生き延びるためには母親の世話がよりいっそう必要になりました。食料は男たちに均等分配されるようになり、その結果、およそ180万年前から2万3000年前までのこの時期に、単婚（一夫一婦制）が支配的な婚姻形態になりました。ですが、この時代の婚姻形態をより正確に言い表すなら連続的単婚というべきです。なぜなら、カップルは子供が独り立ちするまでの4年間ほどだけつがいになっていたからです。

2万3000年前から1万年前頃に、人は農作をはじめ、自ら食料を生産するようになりました。4000年強前に鋤が開発されると、男女の分業が進みました。さらに農業のおかげで男性は富を蓄積できるようになり、それまでの男性間の平等性に終止符が打たれました。この不平等性にもかかわらず、単婚は支配的であり続けました。おそらく、野良仕事に追われる男性には1人以上の妻を保護する暇がなかったからと思われます。

ブルックス・カイザーと私が唱える別の理論もあります。ヒトは生物学的に単婚に強く結び付けられているのだというものです。理由は、最大数の子孫の生存に結び付くし、酪農をはじめとするある種の農業形態は、男性間の不平等があったにしても結婚の存続を促すからというものです。乳製品にはつがいの絆を強めるホルモンが含まれているため、農業が一夫多妻制を促しているにもかかわらず、一夫一婦制を強化するからです。

この理論の裏付けとして、牛の酪農が普及していた欧州のような地域ではおおむね一夫一婦制であった一方で、そうではなかった地域、たとえばアフリカではおおむね一夫多妻制であったことが挙げられます。

結婚を制度と考えることには美点があります。結婚とは石に刻み込まれた普遍の事実ではないからです。制度は場所や共同体によって、何より時代によって変わるものです。ある共同体で暮らす人々が別の共同体の結婚制度を選択することはできませんが（それは共同体が総体として決定することです）、結婚制度が時代と共にどう移り変わっていくかは他の要因、経済学的要因によって決定されるものです。

例えば、歴史的に世界の多くの社会で、結婚とは一夫多妻の形態と考えられてきました。一夫一妻と考える社会もいくらかありました。ごく稀にポリアモリー（多夫多妻制）のような形態をとる社会や、一妻多夫制も採用されていました。

今日、結婚制度の法的構造を単婚としている社会の大半は、実際には「連続的単婚」とした方が正確です。男女ともに複数の伴侶を持つことができるが（従って実質的には多婚だが）、一度に結婚できる相手は1人だけというものです。

連続的単婚制度を持つ国の経済と多婚制度を持つ国の経済を比較すると、先進国では例外なく多婚制度を排していることがわかります。これはエコノミストにとってちょっと不思議な現象です。その理由はすぐに後述しますが、政府が国家経済と婚姻形態の関係を認めている表れです。
経済と婚姻制度の関係を示すもう1つの例は、豊かな国では同性間単婚（男同士、女同士の結婚）を認めていることです。同性（単）婚を認めている市民は、それが自分たちなりの「結婚」であると思っているばかりか、結婚制度を変えるにはコミュニティの成員全ての同意を求める必要はなく、法的な枠組みを変えるだけで十分と思っています。

同性婚と国の豊かさとの関係は、連続的単婚と国の豊かさとの関係と同じく明らかです。国が富を蓄積できた理由の1つは、個人の権利と自由の尊重が新技術を生みやすい革新的な環境を生んだからです。同性婚の主唱者もまさにこの点を論拠にして、法的権利を勝ち取ってきたのです。従って経済的発展が同性婚を可能ならしめたのではなく、むしろ国を豊かにした性質が同時に結婚制度をめぐる法も変えたのです。

制度についての議論を続ける前に、個々の世帯による婚姻形態の選択に経済がどう関わっているのか、そしてこうした個人的な選択が社会全体の婚姻形態の成り立ちにどう関わっているのかを、例を挙げて説明しましょう。

ウィキペディアにも解説されているビル・ゲイツ邸

ウィキペディアによれば、ビル・ゲイツ邸は延べ床面積約6131平方メートルの大邸宅で、

『市民ケーン』の隠遁者チャールズ・ケーンの架空の大邸宅にちなんでザナドゥと呼ばれています。ゲイツは妻メリンダと暮らし、独居し孤独死した映画のケーンほど孤独ではなさそうです。

こんな架空のシナリオを考えてみてください。ビル・ゲイツはこの豪邸で孤独であり、2番目の妻を迎えたいと考えたとします。この家なら何世帯でも楽に住めますから、この判断で損をするのは誰でしょう。

おそらくメリンダは唯一の妻である場合に比べ、良い気はしないでしょう。ですが、経済的には、もう1人の妻を迎えたからといって、彼女とその子供の現状の経済的資源が大幅に減るとは考えにくいもの。それにたとえメリンダが結婚する時にいずれビルが2人目の妻を求めるようになるとわかっていたとしても、他の選択肢、例えば2番目の妻を迎える気はない別の男と結婚するよりも、ビル・ゲイツの第1正妻になった方が経済的には豊かであるのも事実でしょう。

多くの人は一夫多妻の世帯に暮らすことなど想像もできず、ぴんとこないかもしれません。しかし、もしメリンダが2番目の妻の出現を予期しており、自分と自分の子供にとって最も有利に立ち回ろうと考えていたとしたら、第2妻の存在を許容してでも一夫多妻主義者のビルを選ぶでしょう。

ビルの第2妻（ナタリーとします）はもちろん、ビルと結婚することによって豊かになります。何しろ相手は世界で最も豊かな男なのですから、彼女もその子供も決して資源に不自由することはありません。第2妻という立場は玉に瑕《きず》ですが、メリンダが先に結婚しているとわかっており、自分と自分の子供にとって最も有利に立ち回ろうとするならば、ビルの第2妻になる選択を迷う余地はありません。もちろん彼女には相対的に貧しい男と結婚したり独身を続けるという選択肢があるのですが、彼女が第2妻の地位を選んだことが、それが彼女にとって最も幸せな立場なのだということを表しています。

ビルもそれで幸せでしょう。彼なら多くの妻を揃えたハーレムでも持てるのですから、1人くらい妻が増えてもどうということはありません。そして彼が2番目の妻を迎えたという事実そのものが、単婚より多妻の方がいいという意思の表れです。

つまりこの架空のザナドゥの一夫多妻制では、関係者の誰もが幸せであるようです。誰もがいそいそとこの婚姻形態に参加しているのですから、そうに違いありません。一夫多妻が彼らにとって理想の婚姻形態というわけではなく、とりわけ女性にとってはそうですが、彼らに開かれているいくつかの婚姻形態の選択肢のうち、これが選好されたということです。

では、ビル・ゲイツのような極端に豊かな男が複数の妻を迎えることができ、それが一同をこぞって幸せにするのなら、どうして米国の法律はそんな婚姻形態を禁止しているのでしょう？　言い換えれば、豊かな人間が貧しい人間よりもはるかに豊かである豊かな国においては、どうして単婚制度を採用しているのでしょう？

この問いに対する答えは、突き詰めれば2つのことに行き当たります。

第1は、メリンダ・ゲイツは知的で教育のある人物であり、教育や知性が高く評価される先進国における結婚市場でかなり有利であることです。彼女はきっと第1妻であることに甘んじないでしょう。そこそこ豊かな男で彼女とだけ結婚するという相手がきっと見つかるからです。確かにその相手は世界で最も豊かではないかもしれませんが、別の女と夫を分かち合うくらいなら、夫の資産がいくらか減っても気にしないでしょう。

ということは、ビル・ゲイツが2人の妻を持つために第1妻を選ぶには、メリンダより知性や教育程度ではるかに劣る相手から探さなければなりません。それも悪くなさそうではありますが、もし子供に知的で高学歴になってほしければ、彼はそうはしないでしょう。確かに教育程度は低いが魅力的な女性と結婚する豊かな男はいますが、こうした女性もまた結婚市場で有利であり、単婚の相手を見つけられるのです。

だからビル・ゲイツはおそらく、たとえ法律が許しても、単婚を続けるものと思います。歴史的に、先進国では彼のように豊かな男は理想未満の相手を何人も妻にするよりも1人の理想的な妻を持つことを優先するものだからです。豊かな男たちは、妻選びという点では量より質と、身をもって明かしています。

そうであるなら、先の問いへの答えは、経済的要因によって夫1人に妻1人が社会的標準になり、立法の際に単にそれを成文化したからというものです。

先進国で単婚が選ばれる2番目の要因を理解するには、先の架空のシナリオでは隠れていた別の人物がいることを思い起こさなければなりません。ナタリーがビル・ゲイツと結婚しない場合に夫に選んでいた男です。彼の名はチャールズとしておきましょう。チャールズは、もしビル・ゲイツがナタリーを第2妻にしていたら、明らかにその分不幸せです。チャールズにしても別の妻を見つけられるかもしれませんが、彼の理想の女性ナタリーはビルに取られてしまったのですから。

そこでチャールズが理想未満の女性と結婚したとしたら、その女性を理想としたさらに別の男が理想未満の女性と結婚することになります。この連鎖は最も豊かな男からより貧しい男へと続き、やがてまるで結婚の見込みが立たない男に行きあたります。

一夫多妻制の国で男女が同数なら、こうして結婚市場から（そしておそらくセックスからも）あぶれる男たちが出てきます。

立法府の議員たち（圧倒的に金と権力のある男たちです）が一夫多妻制にすれば自分が有利になるのに、単婚制度を法制化して女性たちを事実上より貧しい男たちと結婚させているのは奇妙でもあります。ですが民主主義では、いや他の政体でも、性にあぶれた怒れる未婚の男たちを生み出すような立法をするのは議員にとって不利なことなのです。こうした貧しい男たちを宥《なだ》めるためには単婚を法制化した方が有利なのです。

先のチャールズ・ケーンの例にしても、法律的には2人の女性と重婚していたわけではありませんが、ケーンは金持ち男の御多分に漏れず妻と愛人を持つことによって実質的には一夫多妻の暮らしを送っていました。そしてハリウッド映画らしく不遇の最期を迎えたのでした。

『市民ケーン』は、一夫多妻を合法化しなくても、不貞と連続的単婚によって金持ちにとっては別の婚姻形態があり得るのだということを示しています。これらについてはまた、経済が不貞にどう関わっているのかを論じる第8章で扱います。

単婚の数学

経済学分析は数学の論理に基づいており、本書でも数学的モデルを欠くことはできません。現在の婚姻形態が最善かどうか、パレート効率性という数学的モデルを使って説明してみたいと思います。何らかの資源配分において、ある個人の配分をさらに有利にすると他の誰かが必ず不利になる状態をパレート効率的と言います。経済学の世界では、法律の改正の是非、例えば単婚や同性婚をめぐる法律を改正すべきかどうかなどに用いられます。

ここでは「単婚の数学」というべき考えを示します。

ここではアイコンによって意味を表します。

まずは幸せな女性と不満足な女性です。

次にやはり幸せな男性と不満足な男性です。

議論を単純にするために、女性は全て魅力の点で同等であり、したがってどの男性もどの女性とも喜んで結婚したいものとします。一方、男性側には経済力の差があるものとします。もちろん良い遺伝子や包容力などでもかまいません。女性が伴侶に求めるどんな資質でもよいのです。

3人の男性がいたとして、経済力の順に並べれば次のようになります。

ここでは誰もが婚活中とし、男女の組み合わせはランダムに決まるとします。男性陣はみな満足します。女性陣の魅力は同一ですし、みな結婚する気があるからです。一方、女性陣は、引き当てた男性の経済力の多寡によって満足だったり不満足だったりします。ランダムに決まったカップルは、次のようになりました。

一夫一婦制の結婚モデル

ここでは1人だけ不満足な人がいます。貧しい男を引き当てた女性です。

この不幸な女性をもっと幸せにすることはできるでしょうか?

一夫多妻が認められれば、彼女はいまの貧乏男を袖にして最も豊かな男とくっつけばいまより幸せになれるはずです。それは唯一の正夫人としての幸福ではないかもしれませんが、一夫多妻制の世の中では、力のある男はいずれにせよ第2夫人を迎えるものと諦めもついています。もし金持ちのその他大勢妻になるより貧乏人の唯一の妻になる方がよければ、彼女はそうしているはずです。しかし金持ちの複数妻の座に甘んじる判断をしたということは、そんな妻の座であってもやはり金持ちと結婚した方がマシだということです。

一夫多妻で男性間の資源の配分が非常に不平等な社会では、えてして次のような婚姻関係が見られます。

結婚できた男女はみな幸せなのですが、最も経済力のない男は妻にあぶれて不満足です。

このシンプルなモデルは何を意味しているのでしょう？　ある政策が効率的かどうかを経済学的に検証するには、それまでの資源配分を変えても誰もより不幸にならないようでなくてはなりません。ただし別に全ての人がそれまでの資源配分に満足していなければならないとか、誰もが平等に扱われなければならないというわけではありません。

先のモデルに表される結婚はパレート効率的でしょうか、それとも一夫一婦制にすることによって改善できるのでしょうか？

一夫一婦制にすることによって最下段の最も貧しい男は幸せになります。女性が結婚したければ、彼とくっつく以外になくなるからです。一方、彼女はできればもっと豊かな男の妻になりたいのはやまやまなので不幸になります。ということは、前記の一夫多妻制の結婚モデルはパレー

一夫多妻制の結婚モデル

ト効率的であるということです。不幸な者（貧しい男）がいるので完璧ではありませんが、可能な資源配分としては最適なのです。

ここで指摘したいのは、この法改正が一夫多妻→一夫一婦制ではなく、その逆でもやはりパレート効率的であるということです。一夫一婦制を一夫多妻制へと法改正したら、最も貧しい男と結婚していた女性はより豊かな男の妻になれて幸せになれますが、妻に逃げられた男は伴侶にあぶれて不幸になります。

つまり、単婚（一夫一婦制）もやはりパレート効率的である基準を満たしています。幸せになる人がいる（豊かな男とその複数妻）一方、誰か（貧しい男）がより不幸になっているからです。

そのため第1の要点は、既に一夫多妻制を採用している社会で、しかも女性が気に入らない求婚を自由に退けられるのなら、一夫一婦制への法改正は男性を満足させる一方で女性は不満足になるということです。女性に対し、さもなければ結婚しなかった相手との結婚を強制することになるからです。

第2の要点は、男性間の資源配分が不平等であればあるほど、女性にとっては一夫多妻の世帯に入りたいという動機が働くことです。一夫多妻の世帯では、夫が稼いできた資源がより多くの人々に分配されなければなりません。妻たちだけでなく子供とも分かち合うからです。ですから最も豊かな男が最も貧しい男より50%豊かである程度なら、おそらく一夫多妻にはなりません。2番目の妻にとっては、貧しい男と結婚した方がまだ取り分が多いからです。豊かな男の第2夫人になろうと女性が思うのは、その男が貧しい男よりもはるかに豊か、少なくとも2倍かおそらくもっと豊かであるときです。

先に豊かな国で多婚（一夫多妻）が見られないことは不思議な現象と述べたのは、このためです。現代の豊かな国家の特徴の1つは、格差社会であることです。例えば米国で最も豊かな男は、最も貧しい男の数倍どころか、中流の男と比べても何百倍も豊かなのです。

豊かな男にとって何人の妻を持てるかが大事であるなら、豊かな国ではかつて一夫多妻が主流の婚姻形態であった時期があるはずです。しかしそうではないという事実がある以上、このモデルよりもはるかに洗練された経済学的説明が必要です。

[コラム] 結婚するより売春の方がまし？

このモデルでは、貧しい男と結婚している女性は、その男の唯一の妻であるか、金持ちのその他大勢妻の1人になるかの選択肢しかありません。ですが、他の選択肢も考えられます。彼女が1人以上の夫（夫の兄弟など）と結婚することです。こうすれば、彼女にはより多くの資源が与えられ、誰もが結婚できます。このため、一夫多妻制の社会が同時に一妻多夫制も許容すべきことには合理性があります。

ですが、実際にはこうした婚姻形態が法制化されていることはほとんどありません。

その理由として考えられるのは、エコノミストのレナ・エドランドとイブリン・コーンの説によれば、一妻多夫と一夫多妻のいずれかを選ぶくらいならいずれも拒んでいっそ売春婦になった方がよいと考える女性がいるから、というものです。

既に見たように、一夫多妻にすると多くの男が未婚のまま取り残されます。取り残された独り者男もやはりセックスはしたいので、既婚女性と密通するのでもなければ（当然していますが）、残されている唯一の選択肢は買春です。

このため一夫多妻制が広まると売春婦への需要が増し、サービスの値段はつり上がっていきます。すると結婚しているよりも売春婦になった方がよいと考える女性が増えます。だから一夫多妻制の社会では売春婦の割合が増え、またそんな社会では一妻多夫がめったに両立しないことになります。

セックスの価格が上がれば女性がいそいそと妻の座を捨てて売春婦になるという考えは不埒に聞こえるかもしれませんが、スティーヴン・レヴィットとスティール・アラディ・ベンカテッシュはシカゴの売春を調査して、7月4日の独立記念日という売春の書き入れ時になると、普段は売春していない女性が需要増大に対応して市場参入することを明かしています。

また余談になりますが、同じ論理で中国の状況も説明できます。中国では女性より男性の方が大幅に多いのですが、多くの女性が結婚せずに売春婦になっています。男余りのため風俗産業が儲かり、女性が結婚のメリットをいそいそと放棄しているのです。

豊かな男が妻を1人……あるいは2人必要とすることは世界的に当たり前

現在の富裕国が一夫多妻制を採用していない理由として考えられることの1つは、豊かな男は貧しい男よりも歴史的に多くの息子を持ってきたということです。これは成功した男はより多くの子供を作るからだけではなく（実際にそうですが）、成功した男の子供は男児であることが多いからです（米国大統領の子供の男女比はこれを裏打ちしています。ただし、過去3代の大統領の場合、この例に当てはまらず話がややこしくなるのですが）。過去の豊かな男たちが息子の幸福を気にしていたとしたら、内心では一夫多妻を望んでいても一夫一婦制を支持したことでしょう。

ジェーン・オースチンが書くような歴史ロマンス小説を読む人ならだれでも知っていることですが、豊かな男の息子がみな豊かになるわけではありません。グレゴリー・クラークやジリアン・ハミルトンのような経済史家の研究によれば、産業革命前の英国の豊かな地主階級では、より多くの子供が成人するまで成長したのですが、その大半は後により貧しくなっています。相続法が長子を優遇し、次男以降は事実上自分でやっていかなければならなかったからです。

豊かな男性は2人以上の妻を迎えたかったかもしれませんが、そしてそのためのロビー活動でもしたかもしれませんが、一夫多妻制を法で定めると、彼の長子以外の息子たちが結婚できなくなる可能性が高まります。彼らが結婚できたとしても（何せ社会の最下層になるわけではなく、長男よりも貧しくなるだけなのですから）一夫多妻制の社会では貴族の妻にふさわしい女性の供給が減ってしまいます。さらに一夫多妻制は、後続世代の男にもより劣る女性との結婚を強います。より上級の階級に生まれた娘は、最も豊かな男とだけ結婚するからです。

遺産の大半を長子に相続させる相続法が一族の資産の希釈化を防いだのとちょうど同じように、一夫一婦制を定める法律は一族の遺伝子が薄らぐことを防ぐのです。

同様に、一夫多妻制では妻への需要が増し、それが事実上結婚市場での女性の価値を高めます。中流及び下流階級では娘がより上級の家に嫁ぐのを見て満足することでしょうが、上流の家にとって娘が他の上流家庭の大勢の妻の1人になることが喜ばしかったかどうかは疑問です。確かに娘にとっての良い縁組の見込みは高まるのですが（例えば王妃になれる娘が増えるなど）、他の多くの妻たちと後宮で争わなければならないのなら政略結婚の意義は薄れます。

先進諸国がこれまでも一夫多妻制を採用してこなかった理由の仮説は他にもあります。大半の先進諸国はかつて長らく群雄割拠であり、一夫一婦制は君主が民衆からの支持を得る助けになったことです。
この説は、ジョージ・バーナード・ショーが1903年に『革命家のための金言』で次のように言い表しています。

> 人口の大半に禁欲を強いるような婚姻制度は、道徳を踏みにじるものという口実で暴力的に覆される。現代の民主体制下で一夫多妻制を試みると（例えばモルモン教徒のように）、それによって禁欲を強いられる劣った男たちに嫌悪される。母性本能からは、一流の男の10番目の妻になる方が三流の男の唯一の妻になるより良いからだ。

民主主義に限らず、革命で首をはねられたくない独裁者にとっても、一夫一婦制を採用した方が利口です。エコノミストのニルズ＝ペッター・ラーゲルレーヴは、独裁者が一夫多妻を禁止する法律を施行することに基づいたモデルを構築しました。それで大衆を宥められるのなら、自ら妻を1人しか娶《めと》れなくてもやむなしとしたのです。

既に述べた通り、格差が大きい社会では、豊かな男は複数の妻を持つことができます。女性たちが貧乏な男の唯一の妻になるより、豊かな男の第2妻、第3妻になることに甘んじるからです。大金持ちの多い国で貧乏であることと、他の男たちが何人もの妻を持てるのに自分は一生結婚できないことは、全く別の話です。富の点でもセックスへのアクセスの点でも格差が大きければ、農奴は一揆をおこして支配者を転覆します。いくら支配者が複数の妻を持ちたくても、まさか暴徒に首をはねられてまでとは思っていないでしょう。だから一夫一婦制をあまねく強制して貧しい男たちを宥めるのです。

また支配者は自らの地位と同時に、子供たちの代にもその存続を願います。法律など、権力者のきまぐれでいつ変わるかわかりません。しかし支配者が権威ある教会関係者を一夫一婦制に抱き込んでおけば、将来にわたってこの婚姻形態の安泰の可能性は高まります。教会に一夫一婦制を道徳律に組み込むよう促せば、いつ破られるかわからない法律を通すことよりもずっと配下の支持を集めやすくなります。

これらはいずれも過去の話ですが、現代の格差の進む先進社会でも一夫一婦制は定着しています。家庭教育のあり方を思えば、なぜ一夫多妻制になっていないのかだけではなく、たとえ法律でそれが許されたにしてもたいていの家庭ではそうしないだろうとわかります。

[コラム] 一夫一婦制のせいで飲まずにはいられない?

もし自分が夫にとっての多くの妻の1人になったら、私なら飲まなきゃやってられません。ですが事実として、先進国の一夫多妻的関係にある人の大半はモルモン教徒かムスリムで、いずれもアルコール消費は認められていません。では一夫一婦制とアルコール消費との間に関係はあるのでしょうか？　伴侶を１人しか持てないことは、私たちを酒へと駆り立てているのでしょうか？

エコノミストのマラ・スキシアリーニとジョー・スウィネンは、この疑問を米国ワイン・エコノミストのワーキング・ペーパーで追究し、産業化以前の社会について調べました。その結果わかったのは、当時、一夫多妻制を主たる婚姻形態にしていた社会では、一夫一婦制を主にしていた社会よりも、アルコール摂取量が少なかったことでした。さらにわかったのは、それぞれの社会が一夫多妻制から一夫一婦制へと転換していくにつれて、アルコール消費が増えていったことです。いずれの事実も、飲酒と一夫一婦制の関係を示唆しています。

ここで拙速な結論に飛びつく前に、一夫一婦制が私たちの飲酒を促しているとか、飲酒によって私たちの社会がより一夫一婦的になっていると示唆するエビデンスはないことを指摘します。事実は、一夫一婦制と飲酒は単に関係しているに過ぎず、何らかの第三者的要素、おそらくは産業化が一夫一婦制への移行と飲酒増大の両方を促しているということです。

工業化社会で一夫一婦制が一般的である理由は、既に述べました。ですが飲酒も工業化に関係していたことがわかったのです。工業化に伴う技術革新は酒造の効率も上げて安い酒の供給につながり、個別世帯の所得も上がって、食料や住宅以上のぜいたく品である酒に対する購買力も上げたのです。さらに工業化は都市化をも伴いました。都市住民はより飲酒する機会が多いため、飲酒文化を育むきっかけになったのです。

もちろんこの理屈は、二つの大宗教が一夫多妻を容認する一方で飲酒を禁じている理由を説明していません。経済的追求には限界がありますし、宗教的教義の説明には及ばないものです。

一夫一婦制。この不可思議なるもの

貧富の格差が広がる中でも一夫一婦制が続いていることは不可思議です。エコノミストのエリック・グールド、オマー・モアブ、アヴィ・シムホンは、極端な格差社会である西側諸国でなぜ一夫一婦制が続いているかを説明してくれています。

豊かな国では、女性たちも働き、資産を持つことができます。教育、雇用、財産所有が女性にあまり与えられない国に比べて、多くの女性が男性に経済的に依存していないのです。そのため先進国では、なんならホームレスの男と結婚することだってできます。

現代的な見方では、先述の「単婚の数学」はおそらくあまり意味を持たないでしょう。現代社会の女性たちは、貧乏人の唯一妻になるか金持ちの複数妻になるかの選択を強いられるわけではなく、独身を続けながら我が身や子供を養うことができるからです。

しかし婚姻制度は歴史的に決まります。一夫一婦制は女性たちが学校に行き、所得を得、資産を所有できるようになる前に確立しました。だから男性間の格差が大きい現代の先進諸国で一夫多妻制が見られないことには、単純に女性がそれを望んでいないからということ以上の説明が必要です。

かつて労働とはほぼもっぱら農業であり、働き手の稼ぎは頭脳よりも体力次第でした。しかし工業化が始まるとスキルが重視されるようになり、人的資本の豊かな労働者（すなわち教育や訓練を受けている者）は人的資本の少ない者たちよりも多くを稼げるようになりました。スキルが報われるようになったこの変化は、子供への投資法を変えました。多くの子を産み、ろくに教育を授けないやり方から、少ない子に充実した教育を受けさせるようになったのです。

第1章で述べたように、米国の出生率は産業革命が始まった1800年頃から下がり始めました。その理由がまさにこれ。半熟練労働者への需要増大など現在の労働環境に応じて両親が子作りを考え直したからです。子供たちが将来最もよく稼げるようにできるだけの機会を与えてやるためです。

工業国が一夫一婦制を採用している理由は、この前工業化社会と工業化社会における高等教育を受けた労働者に対する賃金の差にあるのです。

前工業化社会では、豊かな男たちが高い収入を得られるのは、土地のような資源へのアクセスをより多く持っていたからでした。子供もできるだけ多く産んで皆でその土地で働いた方が、世帯収入は増えたのです。できるだけ多くの子供たちを作るのが目的なら、誰を妻にしようが大同小異です。

ですが工業国では、豊かな男がより高い収入を得られるのは人的資源が高い（例えば学校教育）からです。だから子供にも将来のために高度な教育や技能を授けてやろうとします。そのための方法の1つは、やはり高技能の女性を妻にすることです。こうして工業化は質の高い女性を育み、彼らはより高い教育を受け、そうした女性の結婚市場における価値が高まりました。

経済学的には要するに、一夫一婦制が主流になったのは、子供たちの高等教育化・高技能化が質の高い女性の結婚市場での価値を高め、豊かな男にとってさえ複数の妻を持つことは難しくなったからです（女性の質という言葉を補足するなら、求婚時の女性の発言力の高まりと考えればわかりやすいでしょう。妻を何人持つつもりかを含め、世帯構成において女性の発言力が増すことです）。

このように、男性間の所得格差の大きさが一夫多妻制を促す一方で、女性の質の格差は一夫一婦制を促します。大半の工業化社会では、明らかに後者が前者を駆逐しているのです。

ここから面白い論理が生まれます。まず、これは高等教育を受けた労働者がはるかに多く稼げる工業化社会においてどうして女性の交渉力が高いのかを説明しています。さらに、熟練労働者が未熟練労働者よりもはるかに稼げる社会で、男女とも自分と同等の教育程度の伴侶を望むことも説明しています。最後に、貧しい国でさえ、高等教育を受けた金満男は教育レベルの低い金満男に比べて妻の数も子供の数も少ない傾向にあり、それら妻子の教育程度も高い傾向にあるというエビデンスにも沿っています。

政策面については、貧しい国で一夫多妻制を排することが子供たちの福祉につながるのなら（これについては当否のエビデンスが混在しています）、そのための1つの方法は教育水準を上げることです。労働者の教育程度を総じて高めれば工業化が進み、彼らの賃金も上がるはずです。女性の教育程度が上がれば結婚における彼女たちの発言力も増し、世帯ごとの妻と子供の数が減るはずです。

ですが私が最も重要と思うこの経済学的アプローチから生まれる論理は、たとえ先進諸国が一夫多妻制を法的に許していたとしても、実際にそうする世帯は非常に少なかっただろうということです。確かに一夫多妻制を合法化してもパレート効率的にならないと言いました。貧しい男が結婚市場からはじき出されるからです。しかしもしこうした生き方を選択する人々がごくわずかなら、その影響もごくわずかです。さらに実際には多くの女性は意に染まない相手と結婚するくらいなら独身を選びます。この点では、女性の経済的自立の方が、一夫多妻制の合法化よりも、ずっと独身暮らしに強く寄与しています。

アメリカが同性婚を受け入れた理由

過去10年における結婚制度の最大の変化は、多くの地域で同性婚が法的に認められるようになったことでしょう。

本章の冒頭で述べた通り、制度とは社会的行動を統《す》べる規則であり信念です。制度が変わったのはえてして信念が変わり、それが規則の変更につながったからです。

この20年というもの同性婚に対する態度は驚くべき変容を見せました。この変化は制度が進化するものであるばかりか、地域に住む個人全てが信念を変えなくても制度的変化が起きることを示しています。

数年前、家族ぐるみの付き合いをしている女性の友人が、ネット上で我が家の姓を調べていて南アフリカに暮らす私の従兄弟の妻と出くわしました。2人の女性は友人になり、やがて恋に落ちました。妻は従兄弟と離婚し、2人の女性は結婚（当時の南アは同性婚に異性婚と同一の法律的権利を認めていなかったのでそれに準じる扱いでしたが）しました。従兄弟の元妻は、いまや我が家の友人の妻としてカナダに合法的に入国できました（別の従兄弟が身元引き受けをして）。2人の女性は、以後も幸せに暮らしています。

当時、このことを誰が父に話すかが大問題でした。私は父を愛していますが、父は同性婚に賛成するタイプとは思えませんでした。ですが蓋を開けてみると、もちろん革新的ではないまでも大人の態度は示し、2人の女性が幸せになったことを喜んでいました。

父がこんなに同性婚にさばけた態度を示すとは予想外でした。

この話のキモは、人の信念は変わるものであることです。そして、こうした信念の進化を通じて制度的変化が起きるのです。

第1章でも述べた通り、同性婚をめぐる世論は過去数十年間で急速に進化してきました。ギャラップの世論調査によれば、米国では驚くなかれわずか15年の間に、同性婚に法的権利を認めることへの反対が23%もの減少を示したのです。

この傾向は、若い世代はより受容性が高く、彼らが人口に占める割合が増えるにつれて信念もより寛容になっていったためでもあります。これが「コホート効果」です。ですが過去15年の世論変化の最大の原因は、私の父のように、人の信念が変わったことです。

社会学者ドーン・ミシェル・バウナッハはこの変化を分析し、1988年から2006年までの同性婚に対する世論変化の内、コホート効果はわずか33%しか寄与していないことを明らかにしました。データが得られる最新年は2006年ですが、もし2011年までのデータで変化が加速しているのを見れば、この変化の主原因がコホート効果ではなく人々の態度の変化であることがいっそう明らかになると思います。

つまり制度が変わったのは、主に多くの人々が考えを変えたからであって、柔軟な若い世代が頑迷な高齢世代と交代していったからではありません。しかしこの認容は、様々な人口集団で一律に進んでいったわけでもありません。その正反対です。

おそらくこの調査で最も重要な点は、同性婚と異性婚の権利同一化に向けて、人口集団ごとの様々な意見が収束どころかむしろ分化していったことでしょう。例えば白人は同性婚に対する認容を深めていったのに対し、黒人の態度はほとんど変わっていません（1988年に同性婚反対だった黒人が71％であったのに対し、2006年には69％になっただけ）。民主党員は共和党員に比べてより理解があり、福音主義ではないキリスト教徒は福音主義キリスト教徒よりも高い率で同性婚に同一権を認めています。

バウナッハは、人口集団ごとの意見の分化が進んでいる理由を、同性婚の合法化は道徳の問題ではなく平等権の問題と考えるようになったか否かの違いと説明しています。

私は、同性婚への理解度の差は、そんな事例を身近に経験したかどうかによると思います。私の家族はともかく、バラク・オバマ大統領の家族でもそのようです。実際、隣人、同僚、家族などに同性婚で幸せになった事例があった場合、それに反対することははるかに難しくなるということを示すデータもあります。

余談ながら、パレート効率の点から同性婚を検証することもできます。同性婚を許すことによってかえって不幸になった人がめっきり増えたというのでもなければ、同性婚の合法化は社会福祉の点でも望ましいと言えるでしょう。

〔コラム〕婚前同棲

最近結婚した米国人カップルの3分の2は婚前に同棲をしています。経験的にいえば、これは良いアイデアではなさそうです。婚前同棲したカップルは、平均して結婚生活の質が低く、離婚に至りやすいのです。経済的にはもっと悲惨で、同棲経験を経ていないカップルに比べて、結婚生活を通じての蓄財も少ないのです。

しかしジョナサン・ベスパとマシュー・ペインターによる新たな調査では、婚前同棲のもう少し明るい面を示唆しています。同棲経験者たちは全体としては結婚生活の質が低いのですが、彼らの一部はやがて同棲経験のない夫婦よりも良い夫婦関係を育んでいくのです。

複数回の同棲経験があるカップルは、たとえ2度目であっても、その後の結婚生活で収入も貯蓄も低い傾向にありました。しかし、後に結婚する相手とだけ婚前同棲したカップルの場合は、同棲経験のないまま結婚したカップルに比べて結婚当初の資産は少ない（約5％）のですが、結婚後は2倍の速度（年率約2％）で資産が増えていくのです。

つまり後の結婚相手とだけ同棲したカップルの資産は、同棲経験のないまま結婚したカップルにやがて追いついていくのです。

同棲経験者が結婚生活で経済的に成功せず蓄財も少ない理由の1つは、同棲そのものが悪いわけではなく、同棲経験がないまま結婚したカップルの方が結婚生活に明るい展望を持っており、そのため2人の関係や夫婦の共同資産により投資熱心だからです。例えば彼らは貯蓄熱心で、家を買う率も複数回同棲経験者よりも高いなどです。

理由はほかにもあります。結婚相手とだけ同棲していたカップルの方が、様々な理由で結婚を遅らせがちなのです。複数回同棲経験者は2人の関係がうまくいくかどうかを確認するために同棲するのに対し、後の伴侶と同棲するカップルは学業を修了するためとか、結婚してすぐに家を買えるように貯蓄するなどの理由で同棲しています。こうした結婚を遅らせる理由が、長い目で見て結婚生活をより成功させているのです。

最後に

結婚は精妙な制度で、経済学のメガネを通じてみるとより理解が深まります。一夫多妻／一夫一婦や同性婚などの例は、結婚制度が時代と共に移り変わっていくものであること、そしてその変化に経済学的な力が大きな役割を果たしていることを示しています。制度というものは本質的に、それが統べる個人の信条の外部にあるものです。なぜなら、少なくとも理論的には、制度とは集約的な信条の表れであって、集団中の一部の個人の信条を反映しているからではないからです。そしてそんな集約的信条そのものが、私たちが生きる環境の経済によって形作られているのです。

おおむね工業化されている社会は一夫多妻制を拒んでいます。こうした社会の結婚では知力を重視するからです。そのため育児についても、大勢の子供を産んでろくに教育を授けないのではなく、少数の子供に高い教育を授けようとします。一夫一婦制の方がそんな目標を達成しやすいので、社会の大勢が一夫一婦制の方が望ましい婚姻形態だとみなすようになったのです。

さらに最近では、やはり工業化社会において、婚姻をめぐる平等権の信念が同性婚という婚姻制度の変更をもたらしました。平等権などを尊重する世論が生まれたことで、結婚制度が変わったのです。

法的な面としては、結婚制度の進化とはまずは政策決定に力を持つ個人の意見が決めるものです。ですが、彼ら権力者が世論を変えられないのなら、民主社会では（そして専制社会でも）、結局は大勢の意見を反映した制度ができるものです。

本章では、ビル・ゲイツは仮に法的に許されようともメリンダ1人と結婚するだろう、それは経済的状況によって彼女には唯一の妻であるという条件を飲ませるだけの交渉力があるからだと述べました。この経済的状況は、工業化社会で反一夫多妻の法律を大半の世帯にとって無意味にし、カップルのあり方にも大きな変化をもたらしました。現代的な家族像の成立には、経済が深く関わっているのです。

Chapter 6

生計を立てる

Bringing Home the Bacon

結婚とは妥協に他ならない

本章の皮切りは、前述のジェーンの後日談から始めたいと思います。高校を出た後に辛酸をなめた彼女のその後の結婚についてです。それがどんなものであったかは、人生の第3章でまた独身に戻っていることから見当がつくでしょう。伴侶に恵まれなかったばかりか、幸福もつかめなかったことは、結婚生活が経済に後押しされてどう変わっていったかを雄弁に物語っています。

大卒の学歴や実入りの良い職を持てなかったジェーンは、結婚市場においてはそんな欠点も若さによって補って余りあることに気付きました。弱冠19歳の彼女は、9歳年上で、彼女が必要としていた経済的安定をもたらせる男と暮らし始めました。しかしそれには対価が伴いました。婚前に2度しか会ったことがないのに、地球の裏側の知らない外国に連れて行かれたことです。

つまりジェーンは新世帯に若さと新生活への意欲を注ぎ込む代わりに、愛する祖国で同世代の人間と暮らす機会を犠牲にしたのです。一方、夫のジョンは結婚生活に学歴と経済力を注ぎ込む一方で、同等の学歴と収入水準を持つ女性と暮らす機会を犠牲にしました。ジェーンもジョンも、理想通りではないものの、その時に必要としていたものを手に入れたのです。

ジェーンは地球の裏側で、とても不幸せでした。孤独であることに加え、経済力がなく年齢も若いので、家庭内でも交渉力が持てなかったからです。他の夫婦なら相談して決めるようなことでも、ジョンはジェーンのことなどおかまいなしに1人で決めてしまいました。住む場所、子供を持つかどうか（そして何人か）、どんな人と付き合うか否か、性生活など、全てがジョンの思うままでした。

さらに困ったことに、ジョンは高学歴ながら仕事が1年以上続かず、経済状況も不安定でした。夫婦は5年間で9回も引っ越しをし、ジェーンの故郷に戻ることを含めて5つの街に住みました。いずれもジョンの求職のためでした。そのためジェーンは常にパートに出て、常に孤独で、家庭生活においてこれという発言権を得られませんでした。実際、赤ん坊が生まれ、ジョンが失業を繰り返したために家計がどんどん苦しくなっていくにつれて、彼女の家庭内での発言力はさらに衰えていきました。

ジェーンにとっての転機は、ジョンが1年以上もの特に長い間、失業した時に訪れました。ジョンが、就職のため大学院の課程を修了したい、その学費稼ぎのためジェーンにフルタイムで仕事をしろと命じたのです。ですがジョンの失業が20カ月に及び、またジェーンの両親の家に同居していたことで、2人の力関係は逆転していました。ジェーンは反旗を翻したのです。彼女はジョンと同じ大学に出願して合格しました。

数週間のうちにジョン、ジェーンそして赤ちゃんはキャンパス内の家族向け寮に引っ越し、そこでジョンが学業に専念する一方、ジェーンは学業と家事や育児の両立に取り組みました。

2年後にジョンが別の街で職を得た時、ジェーンは一緒に行きませんでした。3カ月後、彼はまたその職を失って家に戻ってきましたが、2人の関係はもはやぐらついていました。

長年、ジョンが全てを決めていた関係は、教育や雇用について同格になったジェーンの発言力が増すと、もう終わりでした。

ジョンは別れ際に「結婚は妥協の問題ではない」と言いましたが、彼を擁護するなら、彼らが共に暮らした日々の大半を通じて、それは事実でした。ジョンの側は何も妥協してこなかったのですから。

この30年間というもの、労働力市場の男女平等化が進むにつれて、妻の家庭内での発言力は増してきました。しかし男女の賃金格差を縮小させた状況そのものが所得格差の拡大にもつながっており、エコノミストの中にはそれが離婚率上昇の原因と論じる向きもあります。一方で驚くべき進展もあります。全く意外な2つの状況が、結婚生活を地固めする助けになっているのです。経済的不確実性とインターネットの普及です。

これらの話題に移る前に、ある特殊な結婚市場について論じます。それは男女が地域的な経済状況から解放されて完璧なロマンスを追求できる市場です。すなわち国際結婚の市場です。

［コラム］婚家に改姓する妻が払う犠牲

結婚を機に夫の姓に改姓する妻は、知性や野心の点で劣り、仕事はそこそこに家庭生活を重視するだろうと雇用者に受け止められます。そしてマレット・ノードワイア、フェムケ・ファン・ホーレン、キルステン・ルイス、ディーデリック・スタペルによる実験調査では、結婚によって改姓する女性は、このために賃金が下がったり職が得にくかったりしかねないことも明らかにされています。

自分の姓を維持する女性は、産む子供の数も少ない傾向にあります。このオランダでの実験調査によると、婚家の姓を名乗る女性が平均して2・2人の子供を産むのに対し、改姓しない女性は1・9人しか産みません。おそらく子供がより多いから、あるいはおそらく伝統的な価値をより重視しているから、改姓者は週に22・4時間しか働かず、28・3時間を費やす非改姓者よりも外で働く時間が短いのです。学歴や労働時間を調整した後でさえ、改姓者は960ユーロと、1156ユーロを稼ぐ非改姓者よりも稼ぎが少なくなっています。

ある実験では、被験者に架空の女性からの求職メールを送りました。メールは2種類用意し、各被験者はそのうちいずれか1種類を受け取ります。そのメールを読み、被験者は求職者の女性が採用される見込みや彼女に支払われるであろう給与額を回答しました。夫の姓に改姓した女性からのメールに対しては、知性や野心に劣り、依存心が高いと評価されました。そして非改姓者からの求職に比べて採用の見込みははるかに低く、採用されても得べかりし月給も861ユーロ低いと値踏みされました。

結婚後も改姓しない女性は、婚家の姓を名乗る女性よりも高い教育を受けている率がはるかに高いのです。グレッチェン・グッディンが集めたデータによると、米国の修士号を持つ女性は、それより低い学歴の女性に比べて、結婚後に婚家の姓を名乗らないことが2・8倍も多いのです。同じく、学士号未満の学歴の女性に比べて専門職の学位を持っている女性は5倍、博士号を持っている女性となると9・8倍も多くなります。

女性の姓は本当に求職にあたって重要なのでしょうか？　改姓者が仕事よりも家族のことに熱心というステレオタイプがあるのなら、独立独歩で野心的と思われがちな非改姓者よりも就業機会の面で不利であっても不思議はありません。

非自由貿易協定

第4章では、結婚する理由の1つは交換のメリットを追求することと論じました。実際、それを文字通り実践する男たちもいます。自国の経済状況が同胞の女性たちの発言力を増していることを避けるために、妻を輸入する男たちです。

こうしたタイプの結婚について議論する前に、カップルが家族全員の幸せに影響することについて判断している方法についてのエコノミストの見方を説明します。

結婚の経験のある人なら誰でもわかっているように、交渉はカップルの意思決定において重要です。子供を含めた家族の間で資源をどう配分するかは、たいていの夫婦が交渉する問題です。仕事と家事にどう時間を配分するか、余暇の時間を家事と遊びにどう配分するかも、そうです。子供を何人作るか、どちらがどれだけ子供の世話をするか、セックスの頻度やどんな性技を用いるかも、多くの夫婦が話し合って決めます。

エコノミストは「交渉力」という言葉を用います。例えばカップルが共に同等の交渉力を持っていたら、意見をめぐって希望通りになる確率は50％です。もしどちらかの交渉力の方が強ければ、50％を超える確率で強い方の希望通りになります。極端な話、一方だけが交渉力を持っていたら、何もかも思うままです。

男性が労働力市場で比較優位性を持っていた時には、女性はえてして自宅にとどまって家事労働をしていました。しかしこの半世紀、女性が得る賃金が男性に対して相対的に早く上がり、それだけ労働力市場における男性の比較優位性は失われました。

同時に家電などの技術の発展のおかげで、家事労働にフルタイムの専従者は必要なくなりました（この傾向についてはジェレミー・グリーンウッド、アナンス・セシャドリ、メフメット・ヨルコグル共著の重要論文で検証されています）。同じくサービス産業の発展、それも安価な未熟練労働力のおかげで、かつて女性が家庭内で提供していたサービスの多くが、多くの家庭にとって手の届く価格で購入できるようになりました。

こうした技術の発展が女性を家事から解放し、キャリア投資をして人的資本つまり労働市場において生産性や賃金を高めるスキルや経験を手に入れました。

［コラム］危機に瀕するインドの婚姻市場

インドでは婚活サイトが普及していて、特に教育の高い層でそうである上、外国在住の夫を探す女性にとってはなおさらです。しかしグローバルな経済停滞のあおりを受け、こうした男性層の収入はかつてほどあてにならなくなっています。

ではインドの花嫁候補は他に伴侶探しの場所を探しているのでしょうか？　もしそうだとすると、外国在住の富裕インド人花婿市場もバブル崩壊です。

インドの婚活サイトによると、女性による花婿候補の検索の優先順位は明らかに変わりつつあります。外国在住男性（その多くはＩＴか金融業界に勤めています）から、国内の公務員男性に人気が移っているのです。政府官僚の妻の暮らしは米国在住の金融家の暮らしほど豪華絢爛とも思えませんが、より安定が見込めるだけに、無理からぬところです。

そして伴侶候補の優先順位を変えているのは女性だけではなく、男性も同じ。景気の悪化と共に、有職女性を優先候補にする男性が増えています。２００８年には15％もの増加を見ました。

雇用の安定が揺らぐいま、インド人男性が失業の折りに経済的保険になるような妻を希望しているのに対し、女性はより安定した収入をもたらす男性を求めているようです。

働く女性の賃金が上がりキャリア投資できるようになったことで、家庭内で交渉力が持てずにくすぶっていた女性に、新たな生き方が開けました。離婚しても食べていけるようになったのです。

すると妻の意見を聞かず何でも思い通りにしようとする夫は、離婚の危機にさらされるようになりました。現実的にも法的にも女性が離婚してやっていけるようになったために、男性は家庭内でも妻の意見を公平に聞かざるを得なくなりました。

もちろん経済力以外にも家庭内の交渉力の公平化に寄与する物事はあります。例えば女性は魅力的であるほど交渉力が強いものです。なんなら別の夫を見つけられるという選択肢があるからです。年寄りのゲイと暮らす若いゲイの男も、同じ理由でやはり交渉力を強く持てます。そして法的地位が結婚生活の維持に依存しているような女性と結婚する男性は、交渉力を独占できます。その妻にとっては離婚したら国外追放されるからです。

そこで国際結婚の話題に戻ります。

全ての男性が、家内での交渉力を妻と公平に分けたいと思っているわけではありません。彼らが探す「良妻」とは、少なくともあるサイト（www.goodwife.com）によれば、家では夫を全面的に立て、その権威を決して疑わない存在です。

先進国の口うるさい妻を避けて伴侶探しをするには、労働力市場で圧倒的に不利な開発途上国の女性たちを探すのも一法です。

いまや国際結婚の仲介は大きなビジネスになり、多くの外国人女性（そしてゲイの男たちも）が新天地での新生活のチャンスに挑んでいます。

ブローカーの売り文句は、異文化結婚では夫に対してより従順な妻が得られるというものです。論より証拠、国際結婚仲介サイト（www.goodwife.com）の文言を引用します。

そう、私たち男性は、いま目にしているタイプのような女性たちをますます敬遠するようになっています。多くの女性たちが「自分第一」のフェミニズム主義を帯びるにつれて、男性たちは権限や発言力で二の次に追いやられています。そのため多くの男性はうんざりし、もっと伝統的な女性を伴侶として探すようになっています。

このウェブサイト、そして多くの類似サイトでは、経済的に不利な国出身の女性たちは、喜んで先進国の夫を迎え、そのため自分や子供への家庭内資源の割り当て要求もより控えめだという概念を振りまいています。こうしたサイトがほのめかしているのは、彼女たちは結婚生活が不幸でも離婚を盾にしにくいため、従わざるを得ないということです。

一方で、高い職業的スキルや学歴を持つ外国生まれの女性にとっては、ひとたび外国に腰を落ち着けて言葉の障壁を乗り越えれば、雇用についてもその国の女性並みの機会が得られます。独立の機会を得たら、自国女性に交渉力をもたらした経済的力が、外国人女性にとっても同じように働くと信じない理由はありません。

おそらくこうした夫の期待と外国人妻の期待の相克が、ジェーン・キムをはじめとする外国人妻が、高い率で家庭内暴力や離婚を報告している理由でしょう。

興味深いことに、第4章で論じたように、家庭内での取引が最も生産的になるのは、異なるスキルセットを持ち込む場合です。もしそうなら、外国人妻を持つ夫は、自国人と結婚した夫よりも豊かになっているはずです。妻が家事に比較優位性を持っているため、労働市場での仕事により専念できるからです。さらに外国人妻は自国人妻よりも幸せになっているはずです。夫が労働力市場で比較優位性を持っているので、それだけ子供の世話や家事に専念できるからです。

幸いなことに、異なるスキルセットを持ち込む結婚の方が幸せになるという説については、マシアス・シニングとシェイン・ウォルナーが8000世帯以上のオーストラリア家庭を対象とした調査で検証しています。そしてその結果は否定的でした。

結婚生活の幸福度（10段階で評価）が最も高かったのは、同国人同士の夫婦（外国人同士も含む）でした。一方、平均して幸福度が最低だったのは国際結婚の夫婦でした。

経済理論とは裏腹に、最も幸福な夫婦になれるのは、夫婦がむしろ似た者同士である場合のようです。伴侶探しには総じて大きく異なるスキルセットの持ち主を探す必要はなく、自分に似た相手でよいことになります。家庭内取引の成果は最大にはならないものの、幸せにはなれるようです。

［コラム］職場で男の立場を知る

女性の経済的地位の向上や雇用をめぐる性差別の禁止にもかかわらず、男女の賃金格差は残っています。その理由は、経済理論で説明がつきます（女性が子育てをめぐってキャリア上の不利を被るためなど）。しかし男女の賃金格差が雇用者による差別のためであることを示すエビデンスはあるのでしょうか？

その証拠となる特別な人々がいます。キャリアの途中まで女性と見なされていたが後に男性に性転換した人たちです。

社会学者のクリステン・シルトは、白人で高齢の性転換男性は女性時代よりもより大きな尊敬と権限を認められていることを明らかにしました。正しいと見られることが多くなり、意見を表明することへの抵抗も減ったのです。中には女性の頃には表明できなかった意見を男性になってからは尊重されるようになったという人さえいます。より多くの経営資源や職場でのサポートを与えられ、成績も向上し、ひいては収入も増えていました。

多くの調査対象者は、女性時代よりも学歴をより高く評価されるようになった、そのために性転換後にまた復学したと報告しています。

さらに自らの行動も以前よりも好意的に見られるようになったとも報告しています。性転換前には、上司や同僚も、同じ行動をより独断的と受け止めていたというのです。

一方、アフリカ系アメリカ人の性転換男性は、積極的に不満を表明することができずにいると感じています。アジア人性転換男性の場合は、受動的過ぎるというステレオタイプな批判を感じており、これは女性だった頃には感じなかったと答えています。外見が若い性転換男性は、マッチョなステレオタイプにそぐわず未熟であるように見られるといいます。

これは性差別の強固な証拠とは言えませんが、雇用者が従業員の能力を査定する際にはより慎重にすべきであることを示唆しているとは言えます。もし女性が男性よりも能力的に劣っていると思われていたり、仕事をやり遂げる上で必要な資源を十分に与えられなかったら、男女の賃金格差を解消するために女性は男性よりもよほど高い業績を上げなければならなくなるはずです。

大卒のメリットは家庭生活の安定

1970年、妻よりも高い学歴を持つ夫はわずか28％でしたが、にもかかわらず夫よりも収入の高い妻はわずか4％しかいませんでした。2007年には、妻よりも高い学歴を持つ夫は19％でしたが、22％の女性が収入で夫を上回っています。

この30年間、女性たちは夫と同等以上の学歴ばかりか、稼ぎでも勝ることが増えたのです。学歴と収入が増進したなら、結婚生活に不満のある妻たちは離婚しやすくなるはずですが、高学歴女性の離婚率は高いのでしょうか？

フィリップ・オレオポウロスとクジェル・サルバネスの共著論文によると、答えはノーです。高学歴の人々ほど離婚率は大幅に低いのです。

例えば高校中退以下の人の離婚率は16％ですが、高卒の場合は10％になります。大学院卒の人の離婚率は3％に満たないのです。

いまや離婚率は50％とも言われるのにずいぶん低いなと思うのも、もっともです。理由は、50％の離婚率という数値が不正確であるからです。高学歴になるほど結婚率が高いことを考えると、高学歴な人の方が離婚しにくいという説にはより説得力があります。

どうして教育のある人ほど離婚率が低いのでしょう？　彼らは結婚市場で人気があり、質の高い結婚に行きつくからかもしれません。あるいは晩婚傾向があり、より慎重に伴侶を選んでいるからかもしれません。はたまたあるいは、教育のある人はより交渉力があり、結婚生活の難所をよりうまく切り抜けていけるからかもしれません。高収入のカップルほど離婚は高くつくので、そんな支出を避ける方が合理的なのかもしれません。あるいはこの後すぐに論じるように、高学歴の人の方が雇用が安定しており、結婚生活のストレスにさらされにくいのかもしれません。

余談ですが、ベッツィー・スティーブンソンとジャスティン・ウォルファーズは、単純に学歴の高低によって離婚率が変わるばかりか、大卒とそれ未満の学歴では離婚率が45歳時点で10％も違うことを報告しています。さらに、低学歴の人は再婚率も低く、再婚したとしてもまた離婚する率が高いことを明かしています。

円満な結婚生活では妻の交渉力がより強いことを直接的に示すエビデンスは持ち合わせていませんが、高学歴カップルの離婚率が低いことは、女性が意思決定により平等に関わっても結婚生活の不幸にはつながらないことを示唆しています。

［コラム］レズビアンはへそくり上手

ブリギッタ・ネグルサとソニア・オレフィスが過日に発表した論文では、同性愛者のカップルとは異なる貯蓄計画を持っているのかどうかを検証しました。その結果、レズビアンのカップルは同性愛男性カップルと異性愛カップルのいずれと比べても、はるかに貯蓄上手でした。

この調査では、住宅ローンの返済率を基準にしました。貯蓄上手な人は、総じてローンの返済ペースも高いからです。

レズビアンのカップルは、異性愛と男性同性愛のカップルに比べて、年に9％も多くローンを返していました（年齢、学歴、同居する子供の数など社会経済学的要因調整後）。

レズビアンがやりくり上手である証拠は、これにとどまりません。高齢層の収入を見ると、レズビアンの引退女性は、同性愛男性や異性愛者より平均4715・35ドルも多い年金及び引退後収入を得ています。ゲイの男たちも異性愛者のカップルより収入が高いのですが、これはおそらく、引退時には男性の方が女性よりも収入がえてして高い影響でしょう。

レズビアン・カップルが異性愛カップルよりも収入が多い理由は、子供が少ないことの他にさらに2つ考えられます。1つは平均余命です。女性の方が男性よりも平均余命が長いため、現実的に現金収入がなくなった後のためにより多くの貯蓄が必要であることです。

2番目の理由は、関係の安定性です。この調査データは、どこの国でもまだ同性間結婚が合法化されていなかった頃のものです。したがって、レズビアン女性は将来、異性愛者夫婦と同等の経済的安定が得られると期待することはできなかったのです（もちろんいまもそんな境遇にあるレズビアン女性は多いのですが）。

もし観察されているレズビアン女性の高い貯蓄率が法的地位が認められないことの反映であるのなら、同性間結婚が合法化された時には貯蓄率も低下するとみなすことは合理的です。

豊かな者はより豊かになり、貧しい者は離婚する

エコノミストのアダム・レヴィン、ロバート・フランク、オッジ・ダイクによると、豊かな者はより豊かになり、結婚はメリットがあります。

貧富の差が性生活頻度のギャップに関わっていることは既述の通りですが、これは第7章で10代の性の乱れを論じる際にまた触れます。ですが貧富の差は離婚率も高めています。

経済格差は開いています。1979年から2003年まで、収入最下位20％の層はわずか9％しか収入を増やしていませんが、収入トップ1％の層は同期間に驚くなかれ201％も増やして

いるのです。

同時に貯蓄率はなべて下がっているようです。例えば米国の個人貯蓄率は1970年代半ばに10%だったものが近年ではほぼ0%になっています。そのため多くのエコノミストが、過剰消費が最近の景気後退の程度を激化していると示唆しています。

個人消費率低下には様々な原因がありますが、主因はかつてない過剰消費であるはずです。現在収入をそっくり使ってしまうばかりか、借金してまで消費に回してしまうのです。その理由の1つは、富裕世帯の所得が増すにつれて、誰もが彼らの消費についていこうとして支出を増やしていることです。

例えばこう思ってください。あなたは誰もが同程度の所得水準のコミュニティで暮らし、そこでは家の大きさも乗っている車も同じです。そして皆が美男美女です。

さて、ジョーンズ家が所得を大きく増やし、そのため大きな家に買い替え、大型の高級車に乗り始めました。すると周りの人々も「ジョーンズさんだって大きな家と車を手に入れたのだから、自分だって」と考え始めました。

他の世帯も、ジョーンズ家と張り合うように、買い物するようになりました。ジョーンズ家を含むコミュニティでは、貯蓄を取り崩せばそんな消費も賄えるでしょう。ですがこうした影響がどんどん貧しいコミュニティにまで広がっていくと、経済的な苦境を招きかねません。とりわけ自宅を担保に借り入れをしてまで消費するようになったらなおさらです。

ジョーンズ家と張り合って消費することで、誰もが過剰消費／過小貯蓄に陥っていくのです。

このように金持ちが豊かになるほど、誰もがその消費について行こうとします。過剰消費は家庭に重圧をもたらします。労働時間が延び始め、大きな家を買うために通勤時間も延び始め、破産も増えます。こうした消費競争や経済的苦難が結婚生活にも大きな重圧となってのしかかることに不思議はありません。

ロバート・フランクは共同研究で、格差が大きい国では離婚率も高いことを明らかにしています。国内の経済格差が１％高くなると、離婚率も１・２％高くなるのです。１９９０年から２０００年までのわずか10年で、所得格差の広がりが離婚数を５％増やしたのです。

所得格差と離婚の関わりは、過剰消費がもたらす重圧以外にも考えられます。格差が高まると男女が新たな伴侶を求めるようになるということです。より経済力のある伴侶と結婚して、格差社会の消費競争に臨もうとするからです。もしそうなら、彼らにとって新たな伴侶を安価に探すことのできる新しい方法――インターネット――が生まれたことは福音です。

既婚者にとっての仮想空間恋愛

人が離婚する理由をネットで検索すると、出会いサイトやＳＮＳが不倫や離婚の原因になっているのだと主張する博識家が山ほど見つかるでしょう。この主張は、ネット上で恋愛候補を検索するのは非常に簡単かつ内緒でできるので、さもなければ貞淑だったはずの男女が新たな相手探しにネットに向かっているという仮説に基づいています。

トッド・ケンドールがこのほど発表した論文では、こうした俗説を真っ向から否定しています。ネットで簡単に相手が見つけられるようになったおかげで、離婚率が増えるどころかむしろ減っているのかもしれないというのです。

先に独身者が恋人探しのために都会に移住することについて述べました。インターネットは、都会暮らしと同じように、相手探しのコストを下げるのです。

相手探しのコストが高いと、結婚の質は総じて低くなります。男女ともに、高いコストを払っての婚活をあきらめ、手近なところで間に合わせようとするからです（第4章で留保価値の切下げとして既出）。一方、低コストなら、自分に最も見合う相手が見つかるまで婚活を続けるので、結婚の質は総じて高くなります（留保価値を高く設定）。

出会いサイトやSNSでは出会いのコストが低いので、オンラインを通じての結婚は総じて質が高くなってしかるべきです。

このことは、好悪いずれの影響にもつながるはずです。一方では、仮想空間経由での結婚は質が高いため離婚率は下がるはずです。他方で、既婚者でもひそかに相手探しが続けられるので、離婚率を高めるはずでもあります。離婚に対していずれがより大きな影響を及ぼしているのかについては、データを見る必要があります。

トッド・ケンドールの調査では4万3552件のデータを集め、インターネットのアクセスと離婚率に相関性がないことを明かしています。さらに毎日インターネットを利用する夫は、ネットの利用頻度が低い夫よりも、実際に離婚率が低いのです。また妻のネット利用頻度と離婚率との間には、相関性が認められませんでした。

彼らがネット上で何をしているのかはわかりません。買い物をしているのかもしれないし、ポルノをダウンロードしているのかも。しかしそれがわからなくても、出会いサイトやSNSは離婚の主因ではないという主張の裏付けとしては十分です。仮想世界があろうがなかろうが、不倫する人はするし、しない人はしないというだけのことです。

これでも納得がいかなければ、オランダの調査もあります。やはり結婚生活の質とインターネット利用の関係を調べたもので、ネットの利用度が高いほど結婚生活も充実しているという結論でした。

既婚者を対象にした調査で、ピーター・ケルコフ、カチリン・フィンケナウアー、リンダ・ミューゼスは、ネット利用の頻度と結婚生活の幸福度が正比例していることを見出しました。隠し事が少なく、絆が強固で、関係により情熱的になるのです。

しかし、強迫症的なネットのヘビーユーザーに限ると、やがて夫婦関係の親密度や情熱が低下し、共に過ごす時間が減り、隠し事が増えていきました。結婚生活の質も総じて低く、衰える一方でした。その理由は、いつもネットにかじりついているからではなく、そんな強迫症的な態度が結婚生活を傷つけたからでした。

［コラム］先行指標としての潤滑ゼリー？

性玩具の市場は景気の先行きを占う材料になるのでしょうか？

エコノミストの中には、奇妙な物事を景気後退の先行指標にする人もいます。在庫や生産設備などの指標に飽きると、ハンバーガーの売り上げやドーナツ店が繁華街の中心部に移転しているかどうかなどに目を引かれるのです。

最も有名な景気後退の指標に、口紅の売り上げがあります。1999年まで化粧品会社エスティローダーのトップだったレオナルド・ローダーは、口紅の売り上げが上がることは景気後退の先行指標と考えていました。女性が、手軽な出費で経済的苦境時に気晴らしをするからということでした。

もっとも2007年と2008年の景気後退については、口紅は先行指標としては役に立ちませんでした。この数年間ほど、口紅の売り上げは平坦なままです。代わりに、他に気持ち良くさせてくれる商品の市場が過熱しています。潤滑ゼリーや性玩具の市場です。

２００９年に発表された調査結果では、潤滑材や性玩具の売り上げは景気後退の最中に爆発的に伸びていることが報告されています。その講釈も口紅の場合と大同小異です。つらい時期には、手軽に気晴らしできるものを求めるからというのです。

この市場が景気の先行指標になるのかどうかは、景気が回復した時にわかることでしょう。景気が上向くと同時にこれらの市場が停滞すれば、良い指標といえます。たぶん経済誌にこれらの商品の市況について報道するよう頼むべきなのでしょう。なにせ経済分析を刺激するという点で、彼らとは意見が合いそうですから。

結婚は逆風時の保険

先述のジェーンの結婚には様々な問題がありました。特にジョンが傍若無人に家庭内を取り仕切った点ですが、やがてはジョンの失業がただでさえ脆《もろ》かった結婚生活を蝕んでいきました。失業は経済的苦難である上、そもそも結婚している理由の１つ――まさかの支え――を奪ってしまいます。結婚が逆風下の保険であるのなら、いずれかが既に失業している時にもう１人も職を失えば、もはや転ばぬ先の杖はありません。

〔コラム〕ジャンク債のようになった亭主ども

こと金融判断に関しては、女性はリスク資産に男性よりもはるかに食指が動きません。リスク回避傾向が強いのです。また独身者の方が既婚者よりもリスクを嫌います。ですから少なくともこれまでを見ると、既婚女性の方が独身女性よりリスク資産に手を出しそうです。

夫をポートフォリオ内の資産の1つと見なせば、こうした既婚女性の行動も理解できます。ただしそれは、夫が低リスクな安全資産である場合だけです。夫という安全資産をポートフォリオに持つ既婚女性が、よりリスクの高い資産を買ってバランスを取ろうとするのは当然のことです。つまり既婚女性は独身女性よりもリスクを気にしていないのではなく、家庭内に安全資産を持っていることを私たちが見逃しているだけです。

さて、そこでです。この40年間というもの、安全資産のようだった夫はよりジャンク債のように振る舞うようになってきました。利回りも高いがデフォルトのリスクも高いというものです。加えて住宅市場の高いボラティリティ（変動率）もあって、夫という資産の安全度はどんどん下がってきました。

もしそうなら、そして既婚女性の低いリスク回避傾向は夫という安全資産をポートフォリオに抱えているからだという仮説が正しいのなら、離婚率が高まるにつれて既婚女性のリスク回避度は未婚女性のそれに回帰しているはずです。

イタリアのエコノミストであるグラジエラ・ベルトッチ、マリアンナ・ブルネッティ、コスタンザ・トリチェリの調査では、しかし、既婚女性と独身女性のリスク回避度格差は1990年代初頭からむしろ拡大していました。これは既婚女性の就業率が高まり、投資判断についても、より男性に似るようになっているためです。しかしそれも21世紀に入って一変しました。リスク回避をめぐる既婚／未婚女性の格差がどんどん縮小し始め、既婚女性も資産運用について独身女性のようにリスク回避姿勢を強めているのです。

多くの国では10年以上にわたって離婚率は一定ですが、イタリアでは2000年から2002年までのわずか3年の間に離婚率が45％も跳ね上がりました。こうして結婚のリスクが高まったために、既婚女性のリスク回避水準は独身女性のそれに回帰していったのです。このことはわれわれの仮説とも矛盾しません。既婚女性らは、ポートフォリオ内の夫という資産がよりジャンク債的になっていることで、他の投資対象をより低リスクのものにしてバランスを取っているのかもしれません。

失業はカップルが一緒にいる意味をなくしてしまいます。強固な関係のカップルにとっては問題ないかもしれませんが、全ての夫婦関係がそうとは限らず、伴侶の失業はえてして最後の追い打ちになってしまいます。

ジュディス・ヘラーステインとメリンダ・モリルの共同調査では失業と離婚の関係のエビデンスを探していますが、ちょっと意外なことに、景気が良い時の方が離婚しやすいことを明かしています。実際、失業率が1％上がると離婚率は1％下がるのです。

この意外な結果の原因は2つ考えられます。

第1に、景気後退期には離婚しやすくなるカップルもいれば（実際に失業したカップル）、そうではないカップルもいる（失業はしなかったがその予備軍カップル）ということです。

事故のリスクが最も高い時には、自動車保険をキャンセルすることはないものです。保険を解約するつもりでも、危険が去るまでは様子を見ようとします。失業率が下がると離婚率が高まる原因の1つは、経済状態が改善して雇用不安が薄らぎ、結婚がもたらす保険の必要が減るからです。

2番目の理由は、不況時には住宅価格が下がって思うような値段で売れなかったり、ローン残額さえ下回ってしまうことです。

住宅価格が下がれば、新居は以前よりも手が届きやすくなります。だから住宅価格の低下は、離婚したい夫婦にとって、結婚生活を終わらせるきっかけになりそうなものです。より手ごろな価格で新居が見つけられるからです。もしそうなら、住宅価格が下がれば離婚率は上がり、住宅価格が上がると離婚率は下がるはずです。

マーティン・ファーンハム、ルシエ・シュミット、パーヴィ・セバクの調査によると、市況が悪い時に住宅を買うのは良いアイデアであるものの、カップルは既存の住まいを損切りせず不満足ながら結婚生活を続けようとします。損失を少なくするために塩漬けにするというのです。

彼らの調査では、住宅価格が10％下がれば、持ち家率が高い大卒カップルの離婚率は驚くなかれ29％も減ります。その3倍もの住宅価格低下（30％）が見られた２００６年４月から２０１０年10月までの間は、離婚率の大幅な低下を生みました。

ですが持ち家ではなさそうな層にとっては、住宅価格低下は逆の効果をもたらします。住宅価格が10％下がると、高卒未満の層ではやはり驚異的な20％もの離婚率上昇が見られたのです。

つまり景気後退は結婚生活に破壊的な影響を及ぼすが、それは主に貧しい世帯に対してです。このことは、景気後退期には未熟練労働の職が最も打撃を受けることを思うと驚くべきことではありません。２０１０年、高卒未満の人は大卒者よりも3倍も失業の可能性が高かったのです。

離婚の決断が失業や住宅価格に関わっているのなら、結婚の決断もおそらく経済状態に関わっていそうです。米国国勢調査局によると、25歳から34歳にかけての人全体の結婚率は２００６年から２０１０年にかけて49％から45％へと4％低下しました。確かに結婚率は数十年来も低下傾向にありますが、この景気後退期には1つの特徴がありました。教育のある人の結婚率はほぼ一定だったのですが、高卒以下の人々の場合は10年前に比べて10%も急落したのです。

この低学歴者の結婚率低下が景気後退に関わっているのかどうかは証明されていませんが、保険としての結婚が保険としての同棲に取って代わられつつあるということを示すエビデンスはいくつかあります。

ローズ・クレイダーの報告によると、同棲している異性愛者カップルの数は２００９年から２０１０年にかけて13%増えています。中でも最も増えたのは、少なくともどちらか一方が失業しているカップルでした。２００９年に既に同棲していたカップルの内50%は２人とも職を持っている世帯でしたが、２０１０年にはわずか39%でした。

さらに、こうして新たに同棲を始めたカップルの男性は、前年に既に同棲していたカップルの男性に比べて、失業している率も高かったのです。２００９年に同棲していたカップルの男性のうち失業していたのは14%でしたが、２０１０年に同棲を始めたカップルの男性では24%でした。

どうやら同棲は一種の保険として機能しているようです。男女ともに、恋人に対して一時的な保険（例えば住居）なら提供してやれるが、正式な結婚という保険を提供する覚悟はなさそうです。

景気が回復したら彼らが結婚するのかどうかは、まだ何とも言えません。１つはっきりしているのは、景気後退と好景気は、カップルがどんな関係を選ぶのかに深く影響しているということです。

最後に

面白いことに、景気が不安定な時期の結婚の保険としての有効性は、ジェーンがやがて景気後退に耐性の強い職業――研究者――を選ぶ理由になりました。ジョンの職の安定があてにならないのなら、自ら安定した職に就いて世帯を支えなければと思ったのです。たとえもっと高給な職を袖にしても、彼女の選択は夫婦のために最善のもので、結局その判断の正しさは証明されました。

ジェーンをはじめとする本章で扱った物語やデータや経済理論は、結婚が経済的な制度であることを思い起こさせてくれます。これを念頭に置けば、結婚がこれまで半世紀にどう転変してきたかの理解に役立ちます。それと同じほど重要なことに、これからどうなるのかを理解する役にも立つのです。

第1章でピュー・リサーチ・センターの世論調査を引用して、いまやとりわけヤング・アダルト層は結婚にメリットを見出しておらず、44%がもはや時代遅れな制度と考えていることを述べました。こうした結婚観はほぼ間違いなく、女性が経済的に自立できるようになったおかげで結婚が変わったことに由来するものでしょう。しかし女性の自立は、結婚を無意味にするものではありません。むしろ夫の経済力に全てを委ねなくてよくなることで、苦難の時をやり過ごす保険になるのです。

　エコノミストから見ると、最も驚くべきことは伴侶の選び方が変わったことです。経済学が初めて結婚という事象を扱うようになった時には、相手方の出方を予想する交換理論が用いられました。ですが女性が独立性を強めるにつれて、そして離婚が容易になるにつれて、似た者同士の縁組が進んだのです。夫婦が何事も相談して決めなければならなくなったので、価値観の等しい伴侶を求めるようになったためかもしれません。

　これらのことは、少なくとも私の目には良い兆しであるように映ります。結婚の質が高まる兆しになり、結婚する人は減るでしょうが実際にした人々は過去の世代よりも幸せな結婚生活を送るものと思われるからです。こうした考え、さらに結婚によってカップルの経済的安定性が増すという事実から、結婚制度がやがて時代遅れになるということは非常に考えにくいと言えます。しかし結婚が経済状況によって影響を受けている以上、そして経済状況は転変している以上、結婚像も変わっていくことは驚くことではありません。

　さて結婚の話はひとまず置き、本書の冒頭で扱った性の乱れの話題に戻りましょう。そこで扱うのは、第1章で扱った人々でもなく、第2章で扱った大学生のことでもありません。彼らは性的に活発な新世代の若者で、親世代よりも性的な活発度の低い初めての草食系世代です。

Chapter 7

新世代の草食系男女

The Next Generation Comes of Age

10代のセックスについては草食系が新たな標準

最近、友人の息子と恋愛生活について話しました。彼は長身で美形ですから17歳の頃にはてっきり彼女がいたものと思いました。すると「いや、21歳まで彼女はいなかった」と言うではありませんか。「それまでは男の子とだけ?」と私は思わず聞き返しました。

別に冗談ではありません。前工業化社会の中には、望まぬ子供を作らぬよう、また結婚を遅らせるために、青年同士の関係を勧める場合もあったのです。このことは、こと青年期については、私たちが「正常」と考える性行動がいかに文化的、経済学的に形作られているかを示すかのようです。青年期の同性間性交渉はある社会では有利なこと（女性を懐妊させる時期を遅らせることによって）とされる一方、別の社会では不利（伝統的な異性間結婚に挑むものとして）と考えられるのですから。

経済環境と、社会的に容認される青年期の性行動には関係があります。いくつか例を挙げてみましょう。

第1の関係は、平均余命と合法的に性的関係が持てる年齢との間のそれです。経済的安定は個人の健康、社会全体では平均余命に影響します。平均余命が短い時には、女性が合法的にセックスできる年齢は非常に低いのです。例えば16世紀の英国では、合意による女性の性行動が容認される年齢は10歳からでした。当時の平均余命は37歳で、あまり長生きできなさそうなら、社会全体としてはできるだけ早く子供作りに取り組ませたいからです。すなわち平均余命（とその経済的結果）は、性行動が容認される年齢に関わっているのです。

次の例は、結婚を推奨される年齢と人口の重圧です。実は右の英国のセックス容認年齢の例はあまり良いものではないのです。当時、英国の土地は非常に限られていました。ほぼ農業社会で土地が有限である場合、人口を増やすと社会の誰もが脅かされます。頼りになる避妊技術がない場合、婚前性行為を厳禁することは、口減らしのために有効でした。そのため土地のような資源が限られていることは、社会が適切と認める結婚年齢を上げるのです。１６００年代の英国では、女性が結婚する平均年齢は25歳でした。社会的常識として、人口増大とそれに伴う生活水準の低下を防ぐために早婚は歓迎されなかったのです。

社会による出産の容認は、正式な教育とそこから生まれる経済力の見込みにも関係していました。教育を受けても収入がさして増えないのなら、青年期に子供を持つことは好ましいとされました。しかし国が工業化されると、教育のある人ははるかに稼ぎが良くなるため、早めに子供を産むことは――既婚女性に対してさえ――あまり歓迎されなくなっていったのです。将来の生産性を限定してしまうからです。

経済的要因は、子供にどれだけの性知識を与えるべきかにも影響を与えました。かつては性教育の時期などあまり気にされませんでした。家屋が小さいと、子供たちは両親がセックスをしている横で寝ます。子供を性的な知識から「保護する」という考えは、家屋の大きさと直接的に関わっています。豊かになるにつれて子供を性について無知のままにする期間が延び、その結果、子供と性について開放的に話すことはタブーになりました。

最後に、技術革新も同性愛やジェンダー・アイデンティティに巨大な影響を与えました。とりわけインターネットの発達は、LGBT（レズビアン、ゲイ、両性愛者、性転換者）の人々にとって同好の人々を見つけることを非常に容易にしました。こうして技術革新は、少数派の性的指向を持つ人々がそれを実践し、大っぴらにすることを容易にしました。こうした行動が文化的態度の変容につながり、するとまたしても経済的要因がその変容に一役買いました。

10代の性行動の新たなる標準を取り巻く経済的エビデンスについて論じる前に、別の物語をします。

第2章で述べたサラを覚えていますか？　不幸な妊娠をした彼女でしたが、それにもかかわらず大学を卒業する選択をします。物語の冒頭時点でサラは処女ではありませんでしたが、高校時代には全く性体験がなかったといえば意外に思うかもしれません。サラは大学に合格し、奨学金を確保し、妊娠によって台無しになってしまった秋からの初学期の授業登録をするまで性体験がありませんでした。

大学に行きたいかどうかという議論は全くしませんでした。彼女の家族や友人たちにとって、高校を卒業して大学に進学することは、中学を卒業して高校に進学するのと同じほど当たり前のことだったので、わざわざ話し合うまでもなかったからです。高校時代の彼女を性的に慎重にしたのはこうした進路の見通しではなく（実際、彼女の友人たちには高校時代に性体験のあった娘が何人もいました）、10年生のときに友情をはぐくんだトロイという名の物静かな少年のためでした。

トロイはサラの恋人ではありませんでしたが、一緒にいて楽しかったので、自宅に泊まりに来ないかと言われた時にはいそいそと招待を受けました。何より、2人の関係はプラトニックなものだと思っていたからです。母はサラよりも10代の少年について見る目がありましたから反対したのですが、リベラルな考えの持ち主だったため、結局、ある日の放課後の外泊を許しました。

トロイの住まいはサラになじみのない地域の公共住宅でした。彼はそこで叔母と暮らし（トロイが9歳の時にソーシャル・サービスの手によって母親から引き離されて保護観察権を得たため）、他に叔母の赤ちゃんと18歳の従兄弟が同居していました。その上サラが訪問した時には従兄弟の17歳の彼女が自由を求めて生後10カ月の赤ちゃんを預けていました。

サラに強烈な印象を与え、後の性交渉をめぐる判断に影響を与えたことが2つありました。1つはトロイの生活環境でした。それまで彼女はこんなに荒廃した住宅を見たことがありませんでした。トロイに同情しましたが、何よりもこんな環境で育児を続けられるものかと衝撃を受けたのです。将来母親になったら、その家にいた2人の赤ん坊よりもっと良い環境を与えてやりたいと思いました。

もう1つは、11年生になったら数学と英語の大学進学コースの授業を取るつもりかとトロイに訊いた時のことです。トロイは良くできる生徒だったので、彼が黙って叔母に視線で問いかけた時には驚かされました。叔母はこともなげに手を振りながら言いました。「大学に進学する学生のための授業なんか取るだけ無駄だわ」

これがサラにとって、自分の明るい将来の見通しは特権だったのだと悟った瞬間でした。そしてこうした友人たちが妊娠の危険を冒して性交渉を持つのは暗い見通しへの反応であり、自分はそんな見通しとは無縁だったのだと後に腑に落ちました。

サラがそれっきり残る高校時代に操を守り通そうと決心したと言えば誇張でしょう。学びにはえてして時間がかかるものです。しかし結局、サラは性的欲求の実践は、それに伴うリスクに見合わないと思うようになりました。男と付き合うのは大学に入ってからで十分と思うようになったのです。

トロイとは11年生のうちに付き合いがなくなりました。実際彼は、高校を中退したのです。ですがプロム（高校のダンス会）の時に、彼とその家族を思い出すことになりました。会場へは、母が2人の親友と一緒に車で連れて行ってくれました（彼氏に連れて行ってもらう面倒は割に合わないように思えました）。会場への赤いカーペットを進むと、その両側には人が詰め掛けていました。ハリウッドのパパラッツィやカメラを抱えた両親ではありません。子供をおんぶした10代の女性たちでした。妊娠したために高校を中退したかつての同級生たちが、友人たちの着飾った姿を見物しに来ていたのです。

もちろんサラも最終学年で妊娠した旧友を大勢知っていましたし、中にはもうすぐ2人目を産む友人さえいました。ですが、きらびやかなプロム・クイーンとヨガパンツをはいた母親たちの目にも鮮やかな対照性は、互いの人生の行く末がどこまで隔たってしまったかをいやがうえにも際立たせていました。

大学に入って中絶をしたサラを断罪するのは勝手ですが、彼女だって軽々しくそんな判断をしたわけではありません。出産したら自分の人生がどうなってしまうのかを、既に思い知っていたのです。

［コラム］10代の性行動の法規制

10代の性行動を減らす方法の1つとして考えられるのは、一定の年齢に満たない男女の性行動を法規制することです。

２００９年、カナダではこの年齢制限が14歳未満から16歳未満へと引き上げられました。16歳以上になれば性行動についてより健全な判断が下しやすくなるだろうというわけです。ボニー・ミラー、デビッド・コックス、エリザベス・サーウィクはこの機会を捉え、10代前半だと半ば以降に比べて性行動についての判断が貧しいのかという仮説を検証することにしました。こうして2万６０００人余りのデータを解析したところ、14～15歳は16～17歳に比べて別に判断力が劣っているわけではありませんでした。さらに、最もリスクにさらされ保護される必要があるのは、12歳未満の子供たちであることがわかりました。

12歳未満で性体験を持った標本中３％の子供たちの40％以上が、初めての相手は21歳以上だったと答えています。しかし14歳で初めて性交渉を持った子供の内、相手が21歳以上だったと答えているのはわずか１・３％に過ぎませんでした。15歳で初体験した子供たちの場合、この数値は上がりましたが、やはり６％に満たないものでした。

このカナダの法改正によって違法となる性交渉を持つ年齢集団の子供たちの大半は、同じ年齢集団の相手と性交渉を持っていました。自分より6歳以上年上の大人と性交渉を持った子供たちは少年で2％に満たず、少女で3％から5％ほどでした。ドラッグやアルコールの影響下で16歳から17歳の年上と性交渉を持ったという少年少女も同じほど多く、彼らの場合は最近の性交渉でコンドームを使った率が83％に上りました（同世代が相手だった場合は74％）。加えて、この年齢層でもっと若い時期に初体験をしたという女性の場合、コンドームと避妊ピルを併用することが多かったのです。

性体験の年齢を法規制することの背景には、若者たちは非常に大きな禍根を残しかねない性交渉から自分を守れないという議論があります。ですが、このエビデンスからは、法規制の如何にかかわらず、10代の前半でも半ば以降の若者と同じほど健全な性的判断をしているように思われます。

誰もがヤッているわけではない

今日の米国のティーンエイジャーは、1980年代以降のどの時代と比べても性的な活発度が低くなっています。疾病対策センター（CDC）によると、2010年には性体験のあるティーンエイジャーは半数にも及びません（男性42％、女性43％）。わずか22年前には、女性の51％、男性の60％が体験済みだったのにです。また彼らは単にセックスを他の性行為（オーラル・セックスやアナル・セックスなど）によって代替しているのでもありません。15歳から17歳までの男性の46％、女性の49％は、全く性体験がないのです。

また性的に活発なティーンエイジャーのうち男性の92％以上、女性の86％は、最近の性行為で何らかの避妊手段を用いています。このように禁欲的に見えることとは裏腹に、同じ年、15歳から19歳までの女性が延べ36万7752人の子供を産んでいます。この年齢層のざっと3・5％が出産していることになります。この率は1991年から2010年にかけて3分の1以上減っていますが、米国は相変わらず先進国で最もティーンエイジャーの出産率が高い国で、隣国カナダの倍以上に及びます。

しかしカナダのティーンエイジャーが性的により不活発であるということでもありません。カナダ統計局によると、15歳から19歳にかけてのカナダ人の43％が性体験を持っています。

この10代の出産数の減少は、中絶がしやすくなったからではありません。２００６年の米国の10代の中絶率は、１９９１年のそれの半分にも及びません（それぞれ女性１０００人当たり16人と37人）。

公衆衛生の研究者ジョン・サンテリとアンドレア・メルニカスは、１９９１年から２００５年にかけての10代の出産率低下について、性活動が不活発になっているためでもなければ中絶が容易になっているためでもなく、もっぱら避妊手段をより慎重に用いるようになったためと結論しています。そうかもしれません。性的活動に不活発な人は、もし不活発にならなければちゃんと避妊をしていたでしょう。だから彼らが性的に不活発になったことは、妊娠率に影響しないはずです。

10代の性行動とその結果は、米国ではまた優れて人種問題でもあります。性的に活発な白人の10代女性は、最近の性交時に避妊ピルを用いた率が黒人やヒスパニックの女性よりもはるかに高いのです。白人の10代女性の39％がピルを服用しているのに対し、黒人では14％、ヒスパニックの場合は17％です。

黒人とヒスパニックの10代女性は、白人の10代女性よりも出産率が倍以上も高いのです。２０１０年に出産した15歳から19歳の白人少女は２・４％ですが、黒人の場合は５・２％、ヒスパニックでは５・６％です。

黒人とヒスパニックの少女は出産しやすいばかりか、20歳になるまでに複数の子供を持つ率もはるかに高いのです。黒人とヒスパニックの10代女性は合わせて10代女性の34％を占めるに過ぎませんが、２００９年に初産した10代少女の58％は彼女たちです。その上さらに、彼女たちはこの年に２人目を出産した10代少女の66％、３人目を出産した10代少女の73％、４人以上を出産した10代の母親の80％でもあるのです。

２００９年、米国ではあろうことか15歳から19歳の女性で４人目以上を出産した人が１３１６人もいるのです。

人種ごとに出産率が大きく異なるのは、10代の妊娠に対する受け止め方の違いのためでもあります。「いま妊娠したらどう思うか?」という問いに対する答えは、白人の10代少女では少しあるいはとてもうれしいと答える率が８％であるのに対し、ヒスパニックでは19％、黒人では20％に上ります。

最後に、若い女性は最も性病に罹患しやすい人口集団でもあります。ＣＤＣの推計によると、15歳から24歳は性体験人口のわずか25％に過ぎませんが、性病罹患者のほぼ半分を占めています。全人口集団平均と比べて、クラミジアや淋病は4倍、梅毒には2倍も多く罹っています。

人種別にみると、またしても人口比率以上の高率で性病に罹患しているのは黒人の10代女性です。２００９年、彼女たちは白人の10代女性に比べて、クラミジアでは16倍、淋病では7倍、梅毒では28倍も感染率が高いのです。

この実証的なエビデンスは、10代の性行動や妊娠は下降線をたどっているが、性病罹患はそうではないということを示唆しています。これは意外に見えるかもしれませんが、どうしてそうなのかについては経済学的に説明がつきます。

また、10代の性行動が良い方向に変わりつつある社会的集団もある一方で、性行動の高い代償を払っているティーンエイジャーたちもいます。ここから、10代の性行動は彼らが世間全体の経済環境の変化に対応していると思えばわかりやすいことが知れます。

絶望を生む格差

サラの高校では、様々な社会経済学的背景の学生が集まっていることにお気付きでしょう。実際、彼女の同級生は、主に2つの大きく隔たった地域に住んでいました。豊かで教育程度の高い人の住む地域と、公共住宅が多く福祉受給率が高い地域です。

さらに10代の妊娠率が非常に高いことにもお気付きでしょう。ざっと200人ほどの学年の内、統計的には子供を持つ生徒は8人を超えないはずですが、プロムに詰めかけてきた学生数を見るとそれよりもはるかに多いことがわかります。

エコノミストのメリッサ・スケッティーニ・カーニーとフィリップ・レヴィンの論文では、サラの学校の妊娠率が高かった理由について興味深いエビデンスが示されています。生徒の経済的背景の多様性が一役買っているというのです。

米国の興味深い特徴は、10代の妊娠率が州によって大きく違うことです。彼らはこうした特徴を利用して、所得格差が10代の妊娠率にどんな影響を与えているのかを調べました。その結果、所得格差が非常に大きい州の恵まれない住民の間には絶望が広がっており、それが高校時代に妊娠することのコスト意識を下げると論じています。彼女たちは、10代で母親になろうがなるまいがどうせ自分はいま以上の経済状態には這い上がれないと考え、それはおそらく正しいのです。

文化とか社会的なムードを考える時、それらは自己や周囲の環境に対して外的なものと考えがちです。しかしそれらは、眼の色や体型などと同じく、私たちが受け継いでいるものです。エコノミストは、文化を内因性と考えます。すなわち経済的環境によってその社会の内部で決定されるものということです。私たちは確かに文化を引き継ぎますが、それは経済環境を引き継ぐからでもあります。だからそんな経済環境が変われば、その社会の文化も変わります。

こうして格差は貧しい人々に自分たちの経済環境は不可避かつ不変であるという感覚を育んでいきます。

格差の小さい州では貧しい所得階層の女性が20歳までに出産する率は、格差の高い州の同様の女性と比べて5%も少ないことが実証研究でわかっています。

加えて格差が少ない州の女性は、格差が高い州の同類女性に比べて、妊娠時の中絶率が4%高いのです。

したがって、州ごとの格差の大小に応じる10代女性の出産率の違いは、格差が小さい州の女性の方が妊娠率が低いためではなく、妊娠後に中絶することが多いことによるようです。

トロイの大学進学向きコースの受講をめぐる叔母の反応は、10代の性行動に文化がどう関わっているかを示す好例です。トロイの家系は数世代にわたって経済的に取り残されてきましたが、この間に近所の豊かな世帯はどんどん豊かになりました。彼の家族はこれまで家運を盛り上げられなかったことで、将来に向けても絶望にさらされていたのです。

トロイの家族は、彼が現状の経済状態以上の豊かさへと這い上がれるとは信じていなかったので、彼にも彼の従兄弟にも高校を卒業することなど期待していませんでした。トロイが高校を中退したのは結局は経済状態のためでしたが、より高等な教育を受けられるという希望がなかったことも中退の決断を後押ししました。従兄弟も高校こそ卒業しましたが、それ以上の進学はせず彼女と子供を育てるために働き始めました。こうしたからといって必ずしも低い社会経済学的階級に留まるとは決めつけられませんが、高校時代に子供を作らなかった場合よりも生活水準を向上させることをはるかに難しくしたのは確かです。

［コラム］学校にコンドームを置くと10代の妊娠が増える

初体験は経済学的にいえば固定費用を払うことと心理的に似たところがあります。

一度支払えば、2度目からはそのコストは生じないのです。青年期の女性はこの固定費用の支払いを避けようと当初は性体験を拒むでしょうが、一度純潔を失ってしまうと、その後も性行動を取りやすくなります。既に固定費用は支払ってしまったからです。

学校がコンドームを置くようになると、純潔喪失の期待費用が下がり、すると短期的にも長期的にも性行動を促すようになるのです。学生たちは早く性体験に踏み切るようになり（短期的反応）、その後もセックスし続ける（長期的反応）のです。短期的には、コンドームの装着率が上がり妊娠率は下がるかもしれませんが、しかし長期的な妊娠率は上がる可能性があります。コンドームはえてして間違った装着法をされるからです。

エコノミストのピーター・アルシディアコノ、アフメッド・カワジャ、リジン・オウヤンによる政策シミュレーションでは、14歳の学生へのコンドーム提供をやめると無避妊のセックスは方針施行の年には8%、3年後には4%増えるとされています。無避妊のセックスをする学生が増えているのですが、他の学生は全くセックスをしない選択をします。性的に活発な学生は政策施行年には3%減り、3年後には5%減るというのです。

無避妊のセックスが増えるにもかかわらず、性的活発度が下がることによって、このシミュレーションでは妊娠率は3年間のいずれの年にも下がり、10代の学生への避妊具提供を制限することは妊娠率を避けるためには有効とされています。

この結論の問題は、この政策シミュレーションが非常に低年齢（14歳）を対象としていることと、コンドームの有無という非常に小さな変化に非常に大きく関わっていることです。例えば14歳の子供たちは年上の子供たちよりもコンドームは買いにくくなるかもしれません。したがって14歳の行動については意味があるかもしれませんが、年上の学生たちがコンドームが撤去されることにどう反応するかについてはわかりません。また、コンドームに早くからなじむことによって使用習慣が身に付きやすくなったり、装着法にも習熟する可能性についても無視しています。

中等後教育（大学など高度教育）は特権

現実的には、多くの学生が絶望せずとも大学進学の夢をあきらめています。もし大学教育が経済的に手の届くものであるなら、恵まれない出自の学生でもいつか大卒の学歴を要求する高給職に就く夢を持てることでしょう。しかし教育費はとても高いので、多くの学生は自分には大学進学の夢は叶えられないという現実に直面しています。そしてそうであるなら、高校在学中に子供を持っても失うものはなく、進路の選択肢を狭めることにはならないのです。

となると大学の学費と10代の妊娠率とは相関関係がありそうです。

エコノミストのベンジャミン・コーワンが先ごろ発表した論文では、全米のデータを用いて、公的なコミュニティ・カレッジ（コミカレ）の学費や費用が安い州の10代の若者は、高等教育への道が開かれているという夢を持っているのかどうかを検証しました。その結果は、コミカレの学費が1000ドル下がるにつれて、17歳の高校生の性的パートナーの数がなんと26％も減るというものでした。

さらに他の危険な行動も低減することがわかりました。例えば喫煙（14％低下）、マリファナ吸引（23％）などです。

もちろんこの調査設計は、10代の若者が合理的で将来を考えており、今日の危険な行動が大きな禍根を残しかねないと心得ていることを前提にしています。10代の若者が性行動をめぐって合理的な判断をしていると思う人は少ないでしょうが、この研究では、高校の3年生はコミカレの学費が1000ドル上がるたびに学業を続ける意欲が5・7％減るとされています。彼らが実際、将来を設計する上で学費を計算に入れていることを示唆しています。

この研究ではさらに、彼らが高卒後にさらに進学する率は、自分たちが思っていた以上に低いこともわかっています。高校3年生の83％は1年以内に進学するものと思っていますが、実際に大学やコミカレに進学した人はわずか56％でした。こうした、おそらくは幻想だった将来設計は、

10代の性行動が大きく減っている理由を説明しています。実際に全ての学生が学業を続けているかどうかではなく、その見込みが立つのかどうかが問題なのです。

先に米国の10代の妊娠率は先進国で最高で、カナダの倍以上と述べました（1000人当たり米国では39人、カナダでは14人）。この10代の妊娠率の差異は、米国と高等教育がとても安い欧州諸国とを比べるとさらに際立ちます。米国の10代の妊娠率はドイツとフランスの3倍、オランダの4倍です。これは何よりも米国の低所得層の10代たちは高等教育の期待についてはるかに悲観的にならざるを得ないためと考えられます。

性行動が減ると性病が増える

米国の高校生の性行動は既述の通り過去20年で最低になっており、10代の出産率も1991年から2009年までの間に3分の1以上も減っています。彼らの性行動が減っているのに、そして予防措置をとっているようなのに、いったいどうして昨年の性病の新規罹患者の50％は24歳以下によるものなどということになるのでしょう?

学生が100人の学校を例に説明しましょう。彼らの内50人は性的に活発であり、お互いに性交渉があります。性別も異性愛者であるかどうかも問題ではありません。問題は、彼らが性接触する相手が1人だけに固定されてはいないことです。なにせ彼らはティーンエイジャーであり、セックスのお相手が変わっていくことがあるのです。

ある年の初め、1人の学生が性病をもらってきました。その学生が校内で複数の相手とセックスをすると性病が相手にうつり、すると新規患者がまた別の相手とセックスをして性病をさらにうつしていく、ということになります。その年の終わりには、その学校の学生のある程度の割合——半数の学生は性体験を持たないのでおそらく50％未満——は性病に罹患しています。

さて、その次の年にこの学校にまた100人の新入生がありました。しかし今度は、そのうち40人の学生しか性的に活発ではありません。またしてもそのうち1人が性病にかかり、同じ伝染のプロセスが繰り返されます。性的に活発な学生の割合が前年よりも低いので、感染者の割合も低いのではないかと思いたくもなります。しかしそれはおそらく誤りです。

性的に活発といっても、全ての学生が一律の性行動を示すわけではありません。そして、性的に不活発であることを選択したような生徒は、仮に性的に活発になったとしても、感染防止の予防措置を最もしっかりと講じるタイプと思われます。彼らこそ最もリスク回避行動をとるタイプなのです。

例えば、次の3人の行動を考えてみましょう。1人は非常にリスク回避的で、常に適切なコンドーム使用を主張します。2人目はリスク中立的で、コンドームの使用も拒否も主張しません。3人目はリスク志向で、いつもコンドームなしでセックスをします。

かつて10代の性行動の活発度がもっと高かった頃には、リスク回避型の人が中立型の人と性交渉を持つことがあったでしょう。この場合は、リスク回避型はコンドーム使用を主張し、中立型はそれを拒まないので、２人とも性病から保護されます。

しかし大学の学費が高くなり、将来の収入が学歴に依存するようになってセックスのコストが増すと、リスク回避型の学生は性行動をそっくりとらなくなってしまいます。となると性的に活発である高校生の内にリスク中立型とリスク志向型の割合が増えることになります。

リスク中立型の人は、かつてならリスク回避型の人とセックスをすることで性病から保護されていたのに、いまやリスク志向型とセックスをする確率が増えます。リスク志向型はコンドームなしのセックスを主張し、中立型の人はそれに抗いません。だから、２人とも性病罹患のリスクがずっと高くなるのです。

こうしてリスク回避型の学生が10代のセックス市場から除去されると、感染率は下がらないどころか、はるかに上がってしまうのです。

エコノミストはこうした交換を拡張的収益の変化と言います。相手によっては安全なセックス相手になったはずの人（リスク中立型）が、より感染の危険の高い相手（リスク志向型）の相手と市場に取り残されるのです。

性病罹患率の増大を説明する２番目の変化もあります。集約的収益の変化です。リスク回避型が市場から出て行った後にも10代のセックス市場に残っているプレーヤーが、リスクを高めるように行動を変えることです。

エコノミストのピーター・アルシディアコノ、アンドリュー・ビューチャンプ、マージョリー・マッケロイの新論文では、女子学生が男子学生よりも多い学校では、この人数差によって、女子生徒はセックスを含む関係により積極的に参加するとされています（この研究は10代を対象にしていますが、大学でも男子学生の方が少ないと男子学生が主導権を握って女子学生がより性的に活発になりやすいという先述の報告にとてもよく似ています）。

彼らの研究では高校三年生を調べ、男女比で女子の方が多いと、セックスを伴う恋人が欲しいという女子学生の率よりも、実際にセックスを伴う恋人がいる女子学生の率の方がはるかに高くなることがわかりました。一方、男子学生では、セックスを伴う関係の恋人が欲しい学生の率と実際にそうである学生の率はほとんど同じでした。

つまり、この年代だと、男子学生の方が性行動をめぐる交渉で上手を取っているのです。男子学生はほしいままにセックスをし、一方で女子学生は望んだ以上に性的関係に至っているのですから。

大学の場合と同じように、高校3年の段階でこうした状況になるのは、数の多い女子学生が数少ない男子学生をめぐって競争しなければならないからです。男子学生の方が中退して数が減りやすいことに加え、高校3年の女子学生は、年上の男とも喜んで付き合う低学年の女子学生とも競争しなければならないからです。この年長の男子学生の市場交渉力は、女子学生にセックスに応じなければならないという重圧（仮にそうしたくなくても）となるばかりか、性病予防のために常に予防措置を講じ続けるかどうか（すなわちコンドーム使用）についての決定権をも男子学生側に傾けてしまいます。

無防備なセックスにおいては女性の方が男性よりも高いリスクにさらされているので、コンドーム使用についての主導権を男性側に渡してしまうと、相対的にリスクが低い側がコンドームを使用するかどうかを決定することになってしまいます。

こうして自分と同学年はおろか下級生にまで病気をうつしてしまうとなると、代々にわたって病気が蔓延します。

このことから人種の話題に戻ります。黒人の少女は、白人やヒスパニックの少女に比べて性病の罹患率がはるかに高いということです。アルシディアコノらの研究では、高校生らは同人種間で性関係を持つ傾向が非常に高く、実に調査標本中86％が同人種間の関係であることを明かしています。黒人の少女は黒人の男性と関係する率が非常に高く、99％に上ります。さらに黒人の10代男性は黒人の10代女性に比べて、多人種と関係を持つ率がはるかに高く、黒人青年の11％は別人種の女性と関係していました。

昨今では黒人の男子学生は学業をおえる率が黒人女子学生よりも7％から12％低い（ジェームズ・ヘックマンとポール・ラフォンテーヌの調査による）ことを考えると、あらゆるエビデンスが、黒人の女子高生が数が少ない男子学生を競い合っている状況を示唆しています。

アルシディアコノらの論文で示されているエビデンスからは、こうした男女比のバランスの崩れが、黒人の女子学生に望まぬセックスを強いており、もし人数比がもっと均等であればそうはならなかっただろうことが示唆されています。さらに、交渉力は黒人男子学生側に傾いており、そのため彼らは無防備なセックスをする率が高いことも示唆しています。

性別の人数比の偏りが黒人の10代女性に危険なセックスを強いており、妊娠率や性病罹患率の高まりにつながっているのです。

この問題についてもう一言。第4章で黒人男性は収監率が高く、そのために黒人女性の結婚率が下がっているということを議論しました。やはりこの問題についてのスティーブン・メコーラムの論文では、黒人男性の収監率が1%上がると黒人の10代女性の出産時の平均年齢が7カ月上がるエビデンスが示されています。

若い黒人男性の収監率の高さに直面して、10代の女性は初体験を遅らせるという対応をしています。それは妊娠をめぐる良き自己防衛です。おそらく、子供の父親が自分たち家族のそばにいて守ってくれないという問題に対処しているのでしょう。

［コラム］禁欲頼みのアフリカのプログラムが10代のエイズ感染リスクを高めている

ケニアには若い女性に道徳やセックスを拒むスキルを教え、結婚まで純潔を守るよう諭すHIV予防教育があります。こうした呼びかけにもかかわらず、8年生（中学2年生）の女子生徒の21%、男子生徒の48%は、性的に活発であると報告しています。この予防教育ではコンドーム利用は教えられておらず、おそらくその結果でしょう、ケニアの若者のHIV感染率は高いのです。15歳から19歳までの少女の3%、20歳から24歳までの女性の9%、25歳から29歳までの女性では13%です。

ケニアの少女たちの間でHIV感染率がそんなにも高い理由――実際、同年代の男性の4倍に上ります――の1つは、彼女たちがはるかに年上の男性とセックスをしているからです。例えば8年生で妊娠した少女たちのうち49%は父親は6歳以上年上だったとし、16%は11歳以上年上だったと答えています。

この現象を経済学的に説明すると、年上の男たちが「援交」している、すなわちお金や贈り物で無防備なセックスを求めているということになります。

スタンフォードのエコノミストであるパスカリン・デュパスがこのほど発表した斬新な実験結果があります。無作為抽出したケニアの学校群を対象に、近隣の街のHIV罹患率を性別・年齢別に教えたのです。それ以外の教育内容はケニアのそれに準じ、コンドーム利用を呼び掛けはしませんでしたが、生徒からの問い合わせには応じました。

この実験プログラムの翌年、年上の男性とのセックスはHIV感染のリスクがより高いと教えられた少女たちの妊娠率は、比較対象群である禁欲教育だけを受けた学校の少女群に比べて、28％低かったのです。最も妊娠率の下落が大きかったのは6歳以上年上の男性を相手に妊娠した少女たちで、61・7％もの下落率でした。さらにこの実験に参加した少女群では、最近の性交時のコンドームの使用率も、比較対照群の少女たちに比べて36％高くなっていました。

この実に手軽に実施できるプログラムが実際にHIV罹患率を下げたのかどうかはわかりません。ここでは年上の男との無防備な性器性交率を減らしたことしかわかりません。しかし71校の調査対象校でわずか40分間の講義をしただけで、15歳の女子生徒の出産を30人分減らすことができたのです。それは生徒たちの性行動に大きな違いをもたらしたのでした。

禁欲で胸の鼓動は高まるかもしれないが進学率は？

米国の性教育のうち禁欲のみを内容とするプログラムの連邦ガイドラインでは、学生に「結婚という文脈外での性的活動は心理的、肉体的に害を伴う傾向がある」と教えることを義務付けています。妊娠や性病などの望まぬ影響がなかったにしても、高校時代に性的に活発になると学生を感情的に傷つけ、学業の妨げになるというのです。そうでしょうか?

事実は、性行動が心理的に有害であるという有力なエビデンスはありません。

ジョゼフ・サビアとダニエル・リーズによる研究は、1995年、1996年、2001年の全米の学生を代表する標本調査によってこの問題に取り組んでいます。その結果、初体験をわずか1年遅らせるだけで、女子高生が高校を卒業する率が4・4%上がることがわかりました。しかしこのように処女を早期に失うことが学業に影響を及ぼすのは、白人の10代女性の場合のみでした。ヒスパニックや黒人の女子高生には、処女喪失と高校卒業との間に相関性は見出せなかったのです。

もし高校中退の原因が心理的なダメージであるなら、早期の処女喪失は白人の少女にのみ有害であるということになります。しかしこの結論には1つ問題があります。論文著者らは、性行動と高校卒業に影響を与える様々な要素を調整して統計処理していますが、1つ見逃している要素があったのです。10代の妊娠問題です。1年早く性体験をすればそれだけ高校時代中に妊娠する率が上がるのは当然です。

このエビデンスをもって性活動を早期に開始することが少女たちにとって心理的に有害であるということはできません。既にわかっている通り、若くして育児の責任を負うと高校を卒業することはとても難しくなるからです。

同論文では、高校の男子学生については、人種の如何にかかわらず、性体験を1年遅らせても高校卒業について統計学的に有意な影響は及ぼさないことも述べられています。ここからはセックスは男子にとっての方が心理的にダメージが少ないと結論したくなりますが、事実は彼女を妊娠させた彼氏の方が、出産した彼女よりも、高校を卒業するのは容易であるということです。

出産という要素を調整することなしに、きちんと避妊できる女子高生にとって早期に性活動を始めることが高校卒業に影響するのか否かについて確たることは言えません。さらに、性行動についてはは女子学生の方が男子学生よりも傷つきやすいということも憶測に過ぎません。

この論文の著者らはある面白い提言をしています。禁欲のみを内容とする性教育は婚前交渉が心理的に害を伴うなどという主張はやめて、もっと「微妙なメッセージ」にすべきではないかというものです。

例えば、性行動は心理的に有害であると厳しく言い聞かせ、さらに、男子は成績に悪影響を及ぼさずにセックスできるが、女性の場合そう言えそうなのはヒスパニックと黒人の女子生徒だけなのだと付け加えるなどです。

こうしたメッセージなら少なくとも学生の注目を集めるでしょう。

もう1つの疑問があります。もし10代のセックスが心理的に悪影響があるのなら、身近な友人のそうした失敗を見聞きした若者たちはそれに学び、似たような失敗を避けるようになるのでしょうか？

デビッド・カードとローラ・ジウリアーノが先ごろ論文発表した研究では、アッド・ヘルス・

サーベイの、高校内での学生たちのグループを明らかにできるという変わった特徴を利用しました。研究したのは、学生が危険な行動（セックス、喫煙、マリファナ使用、登校拒否）をすると、親友が同じ行動を取る可能性はどれくらいか、でした。

親友同士はえてして家族環境が似ています。例えば同じ人種や年齢層、似た教育目標やリスクに対する態度などを持つなどです。共著者らはこうした要素を調整した上で、それでも生徒が性体験を持つとその親友（男女問わず）が翌年に性体験を持つ確率は学生平均比で4・5％増えることを明らかにしました。また友人がペッティングまでするると、親友もそうする確率は学生平均に比べて4％高くなりました。

この「親友効果」は、一人親育ちであることや高校中退の両親の家庭で育つのと同等の――いずれもティーンエイジャーを性的に活発にする可能性を増します――影響力を持ちました。

このセックスについての「親友効果」に考えられる仮説の1つは、マリファナを（あるいは飲酒でも同じ）一緒に吸い、それが性活動を高めることにつながっているというものです。しかし調べてみると、マリファナ使用は10代の性活動開始には関わっておらず、したがって若者がマリファナを吸うとその親友もそれに続くとある程度は言えるかもしれませんが、それによって性活動を増すことは説明できません。そして飲酒は性活動を大きく高めますが、友人が飲酒をするからといってその親友が学生平均以上に飲酒する蓋然性を高めることもありません。

となると残る仮説は、彼らがセックスは気持ちが良いものと気付き、少なくとも一部のティーンらが友人がそれをしても悪い結果はなさそうであるのを見て、後に続くようになるという身も蓋もないものです。

親友効果については、もう1つ別の論文でも述べられています。ヘスス・フェルナンデス＝ビラベルデ、ジェレミー・グリーンウッド、ニーチェ・グンナーらの共著論文では、避妊技術が高まるにつれて婚前交渉のリスクが減り、それによって10代の子供たちが性的に活発になることを防ごうとする両親による干渉が減っていると論じています。

その干渉の1つは、婚前交渉は恥ずべきことと教えることです。この研究でも先と同じアッド・ヘルスのデータを用い、性体験がある若者の友人はやはり性体験を持つ率が高いものの、性体験に羞恥心があると、性体験率は下がることを明らかにしています（性体験をめぐる羞恥心は「あなたがセックスをしているとお母さんに知られたらどう思いますか？」などの質問によって確認）。

これは性体験についての親友効果の理由は、性的に活発な友人がいると10代の内に性体験を持つことに対する羞恥心が薄れるということを示唆しています。

〔コラム〕あなたに女の子の一番大切なものを……

10代の女性は、何より大切な純潔を大切にしなさいとしばしば言い聞かされます。数年前、ネバダの売春宿が、21歳の女子大生ナタリー・ディランの処女をなんと380万ドルで売ると発表しました。この時には多くの女性たちがその「お宝」にそんな値打ちがあるのかと思いましたが、以来ナタリーの成功の後に続こうとする例が相次ぎました。しかし市場原理が働くと、こうした異例のサービスがあっても純潔売買から利益を得ることは今後は考えにくいと言えます。

ファビオ・マリアーニが先ごろ発表した論文によると、様々な社会を比較調査した結果、純潔の価値は女性が結婚市場で持っている価値と密接に関わっていることがわかりました。彼の主張はこういうものです。金持ちの男が貧しい女性を好きになったら、もし彼女が処女であれば喜んで結婚する。しかしもし彼女が非処女なら、必ずしも愛していなくても処女である金持ちの女性と結婚するというのです。

したがってこの場合、貧しい女性にとっての処女の価値は、金持ち男と結婚できる確率に彼の収入を乗じた額です。この期待収益を減じるものは何でも、結婚に結び付かない処女喪失のために彼女が得られる対価を下げます。この対価が、彼女が純潔を売る際の留保価格です。

先進国で見られるような男性間の大きな所得格差は、その格差が大きくなるにつれて女性が純潔を守ることによって得る価値が増すので、処女の留保価値を高めるはずです。

同時に、処女市場には1つだけしか参入障壁がありません。貞淑を貫かなければならないということです。この参入障壁はただ同然なので参入者が多く、すると公正市場価格まで価格が下がるはずです。私の推測では、完全に競争が確保されている純潔市場において男性がいそいそと支払う額は、大半の潜在的売り手の留保価値よりもはるかに低いだろうと思います。

さらにほぼ確実に純潔売買の利益を下げる要素がもう1つあります。先進社会で純潔を売りたい女性たちは、純潔がはるかに低くしか評価されない国の女性たちとの競争にさらされているということです。米国のメキシコ国境地域では処女の価格はおよそ400ドルほどであり、米国女性が処女売春で要求する数百万ドルに比べて大幅に低いのです。

最後に

本章冒頭の、21歳まで彼女がいなかった青年の話に戻ります。この話の傑作なところは、彼の母親が息子が奥手なことを悔やんでいることです。彼女は息子の年の頃には(実際にはそれよりかなり早くから)ずっと進んでいたので。

誰もが私の友人のように10代の頃の性体験に良い記憶を持っているとは限りませんが、10代の子を持つ現代の親たちは、高校時代に自分たちの子供よりも性的に活発だった初めての世代である可能性が十分にあることは特記に値します。

個人的な記憶ですが、私は20代前半だった頃に、自分たちの世代はセックス革命の最終世代で、後続世代は私たちが若かった頃並みの性的自由を持とうとしないかもしれないと思ったものです。そう思ったのは、HIV/エイズ関連の意識の高まりのためでした。いま思えば、こうした疾病は10代の性行動を減らしはしたでしょうが、20年にわたって着実に彼らの性行動が減り続けているからには、やはり経済学的要因こそが正当化されることを示唆しています。

昨今の報道では、10代の性行動の鎮静化には恐れが大きな役割を果たしているとされ、私もそう思います。しかし恐れとは、単に子供が生まれると人生がつらくなることにとどまりません(泣く子を連れているとモール通いもままならなくなることは視聴者参加バラエティ番組を見るまでもありません）。

それは、この30年間に生活水準を大幅に引き上げられたのは高等教育を受けられた人たちだけであるという経済の現実から取り残されるという恐怖です。所得階層の最上級層だけが派手に散財している一方で、他のみんながかつかつにやっていくので精いっぱいという状況で、最底辺層に取り残される恐怖です。若くして子を持ってしまうと生涯にわたって経済力が下がり、それが若者たちに性行動についてより慎重にさせているということは理解できます。

もちろん、こうした米国の妊娠率を低減させている経済的インセンティブが観測されるためには、他国では誰もに教育を受ける道が開かれていなければなりません。例えば、そうしたインセンティブが彼らのリスク行動を変えるには、米国の10代の若者が10代の内に子供を持つと自分の生涯賃金は下がってしまうとこぞって信じていなければなりません。ところが現実には、低熟練労働者の生涯賃金は若くして子を持とうが持つまいが全く影響を受けないのです。しかし低熟練労働から熟練労働へと移行するには、性行動の有無にかかわらず、低所得世帯の多くには手が出ないほどの教育費がかかります。

本章は、10代の性行動の標準を経済が形作る様の説明から始まりました。それに1つ付け加えることがあります。現代経済において最も恵まれない社会経済学的集団内の標準は、10代の性についてより悲観的になっているということです。この視点は重要です。なぜなら、これを理解しないと因果を逆に考えたくなるから、すなわち性行動のために経済的に取り残されているのだと考えたくなるからです。こうした歪んだ見方は、高所得集団の10代子女の性的活発度が低いのは別に道徳心が高いためではなく、彼らには全く別の経済的インセンティブが働いており、それが彼らの住む世界の標準を規定しているからなのだという現実を、都合よく無視しています。

タブロイド紙を読むと、最も多くの性的パートナーを持つ相手は全く別の社会経済的集団に属する人々、すなわち大金持ちの既婚者と思いたくもなるかもしれません。あながち早計とも断じられません。実際、次章で見るように、所得は男性よりも女性にとって不倫に走る決定因子になるのです。

Chapter **8**

生来の好きもの

Naughty by Nature

死が2人を分かつまで……あるいは「そろそろ潮時」という準備ができるまで

グーグルには「予測変換」という面白い機能があります。おかげで、結婚についての語彙を検索すると、これまでどんな検索がなされたかがわかります。それを見ると結婚なんてろくなものじゃないんだなと思いたくもなります。

例えば「どうしてうちの女房は……」と打ち込むと、「もはや私を愛していないのか」とか「わけもなく泣くのか」「触られるのを嫌がるのか」などの入力補助が出てきます。

逆に「どうしてうちの亭主は……」と打ち込むと、「私を憎むのか」「無視するのか」「欺くのか」などが出てきます。

本章は、「私の結婚は……」と検索したくなる（そしてその文末が「終わったのか」「ダメになりつつあるのか」「モメているのか」などで終わる）ようになった人々のためのものです。別れる潮時や離婚の方法などはともかく、どうして不倫が起きるのか、その経済学的洞察をお伝えすることは、私にもできます。

まずはこんな物語から。

〔コラム〕性売買市場でシェアを増すスワッピング（夫婦交換）クラブ

エコノミストのファビオ・ドルランドによると、既婚者にとってのスワッピングの社会的容認の流れは、スワッピング・パーティーへの参加者を増やすとともに、より過激な性行為を促しています。

スワッピングに興味があるが、その高い代償に二の足を踏んでいる人々がいることに疑問の余地はありません。参加費用のことではなく（それもそうですが）、スワッピングの期待費用のことです。例えば発覚時の恥辱の恐れや、その経験が失望や婚姻解消へとつながる恐れなどです。しかしインターネットが同好の士を見つけやすくしたおかげで、こうしたリスクも、ひいてはスワッピングの期待費用も、下がりました。

そのためより多くのカップルがスワッピングに参加するようになり、ドルランドによると、彼らは「よりソフトな」行為（例えば配偶者が相手とセックスをしているベッドの横で相手の配偶者とセックスをするなど）から、「よりハードな」行為（独身男を交えて妻や夫、あるいは両方とセックスをさせるなど）へと駆り立てているというのです。

こうした流れのため、独身男が雪崩を打ってスワッピング市場へと参入しており、それが経済的見地から非常に面白い物語を生みます。

スワッピング・クラブは独身男をできるだけ大勢迎え入れることについてジレンマを抱えています。多くの参加者カップルは独身者の存在を望まないので、独身男の参加費は高いのです。したがってクラブ側としては、利益を最大化するには参加費の高い独身男を迎え入れたいところです。

さらにカップルがよりハードな行為へと移行するにつれて、独身男への需要が増します。すると独身男の参加費用は下がり、ひいてはより多くの独身男が集まります。

独身男にとってはスワッピング・クラブは買春の代替品です。代替可能な2つの財やサービスのうち1つの価格が下がれば、その財やサービスへの需要が相対的に上がることは経済学の基本です。

つまりスワッピング・クラブはセックス市場において、独身男にはるかに安く類似サービスを提供することによってシェアを伸ばしているのです。

聞くところでは、スワッピング・イベントに参加する独身女性は実在するかどうか怪しい伝説の生き物「ユニコーン」と呼ばれているとのこと。彼女たちが参加費無料であることは驚くまでもありません。

レナードは善人でした。正義感が強く、そんな信念を共有する地元選出の代議士を支持していました。教会活動にも熱心で、改修費用の寄付金集めでも重責を果たしました。仕事でも成功し、職場では駆け出しの人々に対し、厳しくも思いやりのある父役をもって任じていました。

現在の妻とは再婚であることは周知の事実でしたが、前の結婚生活にはおおっぴらにできない問題がありました。

それは1970年代前半のこと、彼はまだ大学院生で2人の子供がいましたが、とても活発な性生活を保っていました。スワッピング・クラブを頻繁に訪れ、同好の士を相手に異性同性かまわず性的欲求を満たしていたのです。

しかしやがてレナードはそれにも飽き足りなくなり、妻には耐えきれないような領域へとどんどん進んでいくようになりました。やがて彼女の限界が訪れました。度が過ぎた要求に、婚外セックスは一切お断りと宣言したのです。当初は彼もそれに納得したのですが、2カ月後、妻はレナードが1人でスワッピング・パーティーに参加しようとしていると人づてに聞きました。

その裏切りが結婚生活に終止符を打ち、皮肉なことに、配偶者がいなくなったことでレナードもスワッピング・クラブから締め出しを食いました。

独身に戻ることは、思ったよりはるかに性的に味気ないものでした。そんなわけで、2番目の妻と出会うまでの5年間、彼は性風俗で息抜きをしていました。いまや50代半ばの既婚者として、性的冒険へのニーズは過去のものと誓っていました。2番目の妻ともっと成熟した関係を築こうとし、それにはもちろんセックスも含まれていましたが、それは夫婦間だけにとどめておこうと思ったのです。

問題は、やがてレナードがそんなあり様に孤独を覚えるようになったことです。2番目の妻を心から愛していましたが、彼が求めてやまなかったのは新たな出会いに伴うときめきでした。何よりも、彼は自分を熱狂的に求め、彼の性的技巧や体力を称賛し、彼を喜ばせることなら何でもするような女性を求めていたのです。

要するに妻に飽きたのです。

それも仕方がないとあきらめかけていたところで、ある変化がありました。職場で昇進して権限が増大し、若い同僚らと親密に接することが増えたのです。仕事で脂がのった彼は、セクシーな若い同僚たちに提供できるものがあると思うようになりました。

ある友人が、孤独は誰でもつらいが、結婚生活の孤独は希望をそっくりはぎ取ってしまうと聞かせてくれました。それだけにレナードが念願叶って理想の相手を見つけたと言いたくもなります。しかし昇進がもたらしたのは希望だけでした。若く独身だった頃でも、彼はかりそめの関係を求める女性にモテる方ではなかったのです。新たな肩書で接するようになった女性たちは彼を好き、じゃれあいさえするようになりましたが、火遊びの相手にはなりませんでした。

さらに彼は、2番目の妻に対して誠実でした。信義のためではなく、婚外恋愛市場が彼に別の女性を提供してくれなかったからです。

不倫がどのくらい広まっているのか、正確には誰も知りません。ざっと5割などという非常に大雑把な推計もあります。男女の半分は、結婚生活を通じていつかは相手を裏切っているというのです。

この推計の問題は、「誠実」という言葉が結婚生活に限定されていることで、その結果、データ上とても不正確になっていることです。職場で同僚に対して邪《よこしま》な妄想に耽《ふけ》ったとしたら「不実」になるのでしょうか？　肯《がえん》ずる向きもいるでしょうし、非常に高い不倫率の中にはこうした行動も含んでいるものがあります。配偶者以外とセックスをしたらそれは不倫でしょうか？　たいていはそうでしょうが、では配偶者公認だったり配偶者を交えた行為だったら?

もっと手堅い不倫率の測り方は、他人の血を引く子供をそれと知らず育てている父親の率を測ることです。進化生物学者デビッド・バスの報告によると、無作為の父性診断ではおよそ10%の子供がこのカテゴリーに該当します。しかしこれで測れるのは女性側の不実だけで、未婚出産率が全体の40%を占める時代とあって、それとしても意味が薄れています。

ブルース・エルムスリーとエディナルド・テバルディは、初婚の米国人カップルに「結婚してから配偶者以外とセックスをしたことがありますか?」と聞き、女性の7%、男性の14%がこれにイエスと答えています。35歳未満に対象を限ると男女差は減り、女性の7%、男性では9%になります。後に見るように、この年齢層別の違いはおそらく不倫を始める年齢のせいでしょう。別に世間の風潮が変わり、新世代の男性の不倫が減り、新世代の女性は男性並みにそれをするようになったということではなさそうです。

けっこう低い数値だなって? その通りです。調査対象群が初婚者のみに限定されているからです。ドナルド・コックスは全米対象のデータを用い、不倫経験があると回答した人は離婚しやすい傾向を明らかにしています。男性では49%、女性では56%が離婚しているのです。これに対し、不倫経験がない人の離婚率は男性では29%、女性では31%にとどまります。だから離婚歴のある人を対象から除けば、不倫率を人口全般よりも下げることになります。

ドナルド・コックスの調査では、男性の25%、女性の14%は、人生のいずれかの時点で、婚外での関係を持っています。過去12カ月に限れば、男性の8％、女性の3・5％が不倫を認めています。結婚している人々のみならず同棲カップルまで含めると、不実を認める人は男性の34％、女性の23％へと増えます。また不倫している人の場合、男性の方が女性よりも数をこなしがちです。過去1年間に2人以上の相手と不倫した率は、男性の方が女性よりも倍も多いのです。男性は年下と浮気する傾向があり（別に驚くには当たりませんが）、女性はより学歴の高い相手とそうする傾向があります。25歳以下の女性は他のどの年齢層の女性よりも裏切りやすく、男性も若い時に浮気をしやすいのですが、年齢と不実の関係は女性の場合ほどはっきりしません。

経済的視点から不倫を考えると理解が進むのではと思う人もいるかもしれません。既婚者が婚外での性接触を求める際に生物学が大きく関わっていることには疑問の余地がありませんが、合理的な人々が最終的にそんな生物学的衝動を実行に移すかどうかは、最大の幸福を求めてのことです。後に見るように、こうした判断は必ずしも彼らを幸福にするものではありませんが、それでも相手を欺くことがその時点で彼らが選んだ最適な選択だったのです。

不倫の説明に用いられる経済学的モデルを紹介しましょう。第1章でも用いましたから、なじみがあるかもしれません。セクシュアリティが時代を通じて変質していったのはなぜかを説明するより、このモデルによって浮気をする男女としない男女がいるのはなぜかを考えてみましょう。

［コラム］動学的（時間的）不整合性としての不倫

動学的（時間的）不整合とは、人の好みは変わるということです。ある時点で最適に思えた物事が、後になってみるとそうではなくなったりします。金融当局や政府が何か無意味な政策を推進していることの解説などに使われます。また個人が結婚生活を通じて貞操を守ることがどうして難しいのかの説明にも用いられます。

例を挙げて説明しましょう。妻が不倫するのではないかと疑念に駆られている夫がいたとします。そこで彼は、結婚するときに、もし裏切ったら離婚だ、その時にも経済的な支援は一切しないと言い渡します。結婚当初、それ——彼女が裏切ったら別れる——が彼の選好したことです。そしてそれを宣言することで、彼女が裏切らないことを期待します。

さて、妻が後に寝たいと思う男を見つけました。妻は夫には宣言を履行する根性はない、仮にそうしたからといって一方の配偶者のみが離婚を望む無責離婚では法的に金銭的保証を逃れることはできないと見くびっていました。だから不倫に走りました。

夫は後に事態を知り、とても傷つきましたが、妻の予想通り結婚生活を続けることにしました。彼女を失いたくなかったのです。本来の選好は不倫したら離婚というものでしたが、いざそうなると一緒にいることが彼の選好になったのです。

この動学的不整合問題が面白いのは、問題の存在を知ったら、解決手段を探せることです。この夫についての解決法の1つは、妻が裏切ったら別れる途を探すことです。例えば、不実の際は金銭的罰則を与えるという婚前契約を毅然と執行するなどです。

歴史的に、これはカップルが自ら取り組まなければならない問題ではありませんでした。政府が不義を、とりわけ妻側のそれを厳しく罰する法律を定めていたからです。仮に現世で因果の報いがなくとも宗教的に不倫は罪とされ、裏切り者は永遠に業火に呪われる恐怖を抱かされました。世間の目も、過ちを犯した配偶者を離別せずにいることを恥として許さないのが常識でした。こうしたメカニズムがあったおかげで裏切り者は罰せられ、カップルは動学的不整合問題から解放されていたのです。

総じて言えば、執行できない契約などで縛るよりも、こうしたメカニズムの方が不実を防止するためにずっと効果的であるものです。

不実の数式

人が伴侶を裏切るのは、そのメリットが期待費用を上回ると思うからです。裏切りの期待費用は次のように考えられます。

露見する確率×露見時の費用＝裏切りの期待費用

露見する確率は、個別の状況によります。例えば、不倫を考えている2人の女性がいたとします。1人は外に仕事を持って経済的に独立しており、都会暮らしです。もう1人は専業主婦で経済的に夫に依存しており、田舎暮らしです。これだけの情報に限って考えれば、田舎の専業主婦の方が、外で仕事をし、出張などの機会もある女性よりバレやすそうです。

一方、露見時の費用や期待費用となるともう少し複雑です。実際、いざとなるまで裏切りの費用など誰にもわからないものです。不倫のあげく別居や離婚後の扶養料をもらえなかったとしたら、経済的に独立している女性の方が失うものはずっと少ないと言えます。もし不倫したにもかかわらず扶養料がもらえるとしたら、専業主婦の女性の方が受け取り手になれる確率が高く、キャリアウーマン女史の方が失うものが多いと言えます。実際、もし夫の方が収入が少なかったら、彼女の方が扶養料を支払う側になるかもしれないのです。

さらに、もし不倫が発覚した際に夫が去ってしまう確率も知る必要があります。実際のところ、これを知る方法はありません。男女個人によって人それぞれだからです。キャリアウーマンの夫は、結婚生活がもたらす経済的安定を失いたくないばかりにとどまるかもしれません。あるいは、経済的に不安定になっても不実な妻とは別れる方を選ぶかもしれません。専業主婦の夫だって、裏切った妻など捨てるかもしれませんし、幼子のことを考えて忍従するかもしれません。

こうした確率こそわかりませんが、彼女たちの方は、不倫に踏み切る前に、もしばれたら夫がどう反応するかについて、かなりはっきりと読めているのではないかと私は思います。

議論の便宜上、専業主婦の不倫発覚率が30％、夫が離婚に踏み切る確率は50％、離婚に至った場合に彼女が被る経済的損失は10万ドル相当だったとしましょう。彼女の不倫の期待費用は次の通りです。

0・30×0・50×100000＝15000ドル

だから、不倫のメリットは金銭換算して1万5000ドル以上でなければなりません。

さて、キャリアウーマンの方はリスクもコストも大きく異なります。不倫発覚率はわずか5％、夫が離婚に踏み切る確率は50％、離婚に至った場合に彼女が被る経済的損失は5万ドル相当だったとしましょう。彼女の不倫の期待費用は次の通りです。

0・05×0・50×5000０＝1250ドル

したがって彼女にとっては不倫のメリットは専業主婦の場合よりもはるかに低く、1250ドル相当のメリットが見出せるならよいわけです。

不倫が発覚する確率を増したり（性病をうつされそうなど）、夫が離婚に踏み切る確率を高める物事（浮気したら離婚だと堅く決めているなど）は何でも、裏切りの期待費用を増大させます。

もちろん経済的損失は、この分析を説明する上で単に便利な指標であるに過ぎません。他にも測定しがたい要素はいくつもあります。子供と会えなくなる感情的コストや、仮に面会権を失わなくても離婚が子供に強いる苦難への罪悪感などです。また多くの場合、不倫が発覚すると配偶者から暴力的な復讐を受けます。たいていの人は伴侶からの愛に価値を置いていますが、それを失うこともあります。教会仲間などからはじき出されるかもしれませんし、家族や友人からも疎まれるかもしれません。職業生活の妨げになる可能性もありますし、特に相手が同僚や顧客であればなおさらです。発覚後、沙汰が下るまで独りでいなければならない孤独感さえもがコストです。

これらの全て、おそらくはさらに他の要素もが、不実の費用分析式の左辺に入るのです。

不倫に踏み切った後も、その判断を右に描いたようには合理的と思わないかもしれません。特に、事が発覚して恐れていた通り期待費用を支払わせられたらますますそうです。それでも、たとえ後悔しようとも、実際、人生最悪の判断だったと後に臍をかもうとも、不倫に走った時にはそれが合理的な判断だったということはあり得るのです。

なぜなら必ず悪い結果に至るとは限らないと思っているからです。もし悪事が露見する確率や伴侶や周囲からの代償を伴うことが確実にわかっていれば、不倫率ははるかに低くなることに異論はないでしょう。

[コラム] 風俗を利用していること、告白する?

婚外セックスをしている男性の多くは、風俗産業でそれをしています。先に婚外セックスの経験率は男性の場合25%と言いましたが、買春以外に限れば19%に落ちます。男性の20%未満は生涯のうちに買春することを考えると、このエビデンスは買春するような男は妻も欺きやすいことを示唆しています。

カナダの社会学者クリス・アッチソンは「ジョンの声(www.johnsvoice.ca)」という大規模調査を実施し、買春男にそれを配偶者に告げたかどうかを調べました。

彼らの大半は10年以上も買春をしていました。回答者の半分弱（781人中371人）は調査時点に既婚者か法的登録同棲者で、未婚者の内25％は恋人がいました。

彼らのうち売春婦を利用したことを他人に漏らした経験のある人は半分もいませんでした。告白した人の場合、23％は男性の友人に、17％は別の性産業従業者に、10％は別の買春男に、そして9％が異性の友人に話していました。

調査標本中、配偶者や買春以外のセックス・パートナーに買春経験を告白した人はざっと6％ほどでした。調査当時に恋人がいた人のうち、79％は買春した事実を相手に意識的に隠していると答えました。ということは21％はそうではないわけで（おそらく気にかけていないか、バレる気遣いはないとたかをくくっているのでしょう）、63％は発覚を恐れていました。もし発覚した場合、パートナーからどんな報復があると思うかについては、61％が離婚、11％は面倒な騒ぎになる、10・5％は相手が怒る、5％は「全面的悲劇」になる、そして1％強が暴力沙汰で復讐されると答えました。

調査ではさらに、家族や同僚がどう反応すると思うかも聞いています。41％は「恥辱、面目失墜、汚名、嘲笑」があると答え、17％は友人や家族を失うと考え、13％は2種類以上の報いを受けるとし、13％は別に気にしない、これと言って何も変わらないだろうと返答しています。

一夫一婦制の神話

人間は、他の哺乳動物と同じく、自然の法則に従って一夫一婦制に至ったわけではありません。霊長類で最も一夫一婦制が堅いと信じられている雌のナマケモノでさえ、機会があれば別の雄のナマケモノと浮気をします。浮気に走る費用対効果分析のメリット面を理解するためには、婚外で性的関係を持つことの生物学的なメリットを理解しなければなりません。

第2章で論じたように、ヒトの雄は複数の相手とセックスしたいという欲求を抱いています。この性癖はクーリッジ効果でうまく説明できます。クーリッジ効果とは、ヒトを含むあらゆる哺乳動物の雄は、パートナーに対し性的に受動的になるとやがて交尾に全く興味を失ってしまうが、新たな性的パートナーが導入されると興味を取り戻すというものです。雄はもともと、既に媒精させた雌に繰り返し媒精投資をしたくなくなるように作られているのです。

1950年代、心理学者のフランク・ビーチとリスベス・ジョーダンはこの効果の実験として、雌雄のラットを観察槽に入れ、雄が飽きるまで交尾させました。雄は交尾に飽きると、雌がせがんでも、もう交尾しようとしませんでした（共感する人もいるでしょう）。しかし新たな雌のラットを観察槽に加えると、雄は新たな雌との交尾への興味を取り戻したのです。

もし読者の貴方が性的に不満を抱えた女性で、別の女性をベッドに引き入れたらパートナーの性的関心を刺激できるのではと思っていたり、セックスに飽きた男性でこの事実をぜひパートナーに知らせなきゃと思っているなら、言っておかなければならないことがあります。新たな雌を導入しても、もともといた雌に対する性的関心は回復しないのです。雄はただ単に、新たな雌とヤリたがるだけなのです。

この雄の振る舞いを説明する平俗な理論は、進化の歴史を通じて、最も多くの性的パートナーを持った相手が最も多くの子を残すことができたというものです。私たちは最も乱倫だった雄の子孫であり、だから現代の男性も複数の性的パートナーを持ちたがるのです。

雌の場合、残せる子孫は限られており、複数の生殖相手を持ったからといって生涯に持てる子供の数が増えるわけでもありません。しかし、子供の質が上がる可能性はあります。より背が高く健康な子供は、大人までちゃんと育ってまた自分の子が持てる可能性が高いのです。だから私たちは、最も背が高く健康な性的相手を探す雌の子孫なのです。

女性が妊娠機会のためにより質の高い性的パートナーを探す性質が深く備わっていることについてのエビデンスは、女性の性的パートナーに対する好みが月経サイクルのどこにいるかによって変わることを示す研究から得られます。例えば、進化心理学者マーティー・ヘイゼルトンとジェフリー・ミラーは、排卵期の被験者の93％は豊かだが非創造的な相手よりも、貧しくても想像力豊かな相手を一時的な性的パートナーに望んだことを明らかにしています。しかし排卵期以外の被験者の場合、そう回答したのはわずか58％でした。

こうした排卵期をめぐる性的パートナーの好みの変化は、配偶者選びについては見られません。こと伴侶となると、女性は良き遺伝子のもたらし手よりも良き生活のもたらし手を望み、貧しいが創造的な人よりも非創造的な金持ちを選ぶだろうと思うかもしれません。しかし彼らの研究では、排卵期か否かにかかわらず、ざっと84%の女性が伴侶としても貧しい芸術家を選ぶと答えています。

研究は他にもあり、進化心理学者エリザベス・ピルズワースとマーティー・ヘイゼルトンはさらに腑に落ちる結果を示しています。魅力度の低い夫を持つ女性と魅力的な夫を持つ女性を比較し、排卵期になると、前者の方が浮気しやすいことを明らかにしたのです。さらにこの前者の被験者群は、最も妊娠しやすい時期になると夫がより思いやりと愛情を示すようになると答えています。魅力度の低い男性は、ある程度、愛情によって配偶者を浮気させないよう守る必要を心得ているようです。

こうした生物学的エビデンスの要点は、浮気のメリットは男女で違うということです。例えば男が浮気するのは、浮気相手として良き遺伝子を与えてやれると女性を説得できるからです。

女性が浮気するのは、彼女が魅力的だからではなく、彼女の夫が浮気相手ほど魅力的ではなく、浮気相手とセックスした方が子供に受け渡す遺伝子の質が良くなるからです。

［コラム］女性の男の好みを変える避妊

もし排卵期の女性がより魅力的な性的パートナーを求める衝動を抱えているのだとしたら、妻の浮気を防ぎたい夫としては排卵を妨げる避妊ピルを勧めたくなるかもしれません。しかし問題は、いざ子供を持とうとした時に彼らの関係がどうなるのかです。

アレクサンドラ・オルバーンとヴァーピ・ルーマーの共著論文によると、避妊ピルを服用する女性は、最も妊娠しやすい排卵期の女性に見られる男らしい男性に対する強い好みを失います。

それなら、大部分の女性がピルを服用している社会では、最も魅力的な男性像は、良き遺伝子のもたらし手（すなわち、より男性的な外見の男性）から、良き保護者（つまり女性的な外観の男性）へと移ることになります。避妊ピルの発明という技術的進歩が、女性の伴侶選好の変化につながったのです。

私はこれをジャスティン・ビーバー効果と呼びたいと思います。

では、付き合っている間や新婚時にピルを服用していた女性が、いざ子供を持とうとしてピルをやめたら、いったいどうなるのでしょう？　このタイミングは、女性が子供のためにより良い遺伝子を求める時期に合致しています。ビーバー効果は、どうして女性は最初から最も魅力的な男性を求めないのかという説明に一役買っています。経口ピルが、もっと男性的な相手を求める彼女たちの生物学的な衝動を抑制しているのかもしれません。

実際には、良き遺伝子は希少資源であり、希少な資源の価格は市場で高騰します。良き遺伝子が高くなると、多くの女性は子供に受け渡したいと願う全ての質を持つ長期的なパートナーを見つけられなくなります。しかし別の戦略もあります。良き父親になるなどの良い資質を持つ男性を見つけて結婚し、子供の生物学的父親は別に浮気で見つけるというものです。

もちろん、この戦略は浮気がバレて離婚でもされれば一巻の終わりです。一方で、女性にとって浮気で遺伝子の質をかさ上げできるメリットは大きいことをも示唆しています。ということは、浮気相手の遺伝子は、悪事露見の危険を冒してでも得たいほど良いものでなくてはならないことになります。

問題は自分

男の浮気は甲斐性（自分の質が高いため）、女が浮気するのは夫の質が劣っているためということの仮説を検証した研究があります。本章の前半で紹介したブルース・エルムズリーとエディナルド・テバルディの研究です。

彼らの研究では、不倫は妊性に関わっているという仮説は支持されました。男性の方が人生において子作りできる期間が長く、年を取るにつれて浮気しやすくなるのですが、それも55歳を頂点に下降線に転じます。女性もだんだんと浮気しやすくなりやがて反転するパターンは同じですが、頂点はずっと早く45歳頃です。この頃を境に妊娠する可能性は考えにくくなるので、浮気で子供を作るメリットがなくなるのです。

彼らの研究では学歴を遺伝子の質の指標に使っていますが、高学歴男性の方が浮気しやすいというエビデンスは得られませんでした。実際、大卒以上と高卒以下を比べると、後者の方が3％弱ほど浮気しやすかったのです。となると質の高い男の方が浮気しやすいという仮説は怪しく思えます。共著者らはこの結果を、男の中には買春している者もいて、その場合は遺伝子の質は関係ないためと解しています。

もし女性が短期的な浮気の相手として子供の生存確率を最大化するために良き遺伝子を求める

進化上の本能を持っているのなら、大卒の学歴は彼女たちが求めるものなのでしょうか?

私自身は性的パートナーは難しい数式が解ける人より身体を張って私を守ってくれるようなタイプを望みます。質の高い遺伝子を持つ男の方が浮気しやすいという仮説を検証するのが難しいのは、質の尺度として学歴を用いているからではないのかと思います。

その上で言うなら、大卒以上の学歴の夫を持つ女性は、高卒以下の夫を持つ女性に比べて、浮気する率が3%低いのです。男は妻の学歴によって浮気心を左右されはしないようです。ということは、女性の浮気は夫の性質のためだが男性の浮気は配偶者の質とは無関係という仮説をいくらかは支持するエビデンスにもなりそうです。

しかしこの結論には盲点があります。夫の学歴が低いと妻はより良い遺伝子を求めて浮気しやすくなるということを前提にしているからです。この考えは、浮気の期待費用の影響を無視しています。既述の通り、この期待費用には悪事露見から離婚に至った際に彼女が喪失する世帯収入が関わっています。

金持ち男と付き合っていたら

有力政治家、財界人、スポーツ選手などの不倫発覚の報に接しない日はないかのようです。もちろん稼ぎの悪い男の浮気発覚などいちいち報道されるはずもありませんが。

この有名か無名かによって浮気の注目度が大きく違うことの問題は、市井の人間の浮気なんて有名人に比べれば物の数ではないという風潮を生みだしてしまうことです。

第5章で扱った一夫一婦制の謎では、豊かな男が浮気するのは経済学的に筋が通っていることが推断の根拠でした。豊かな男が複数の妻を持てるのと同じように、豊かな男は妾を持てるのです。仮に金満男が相手に具体的にお手当を渡していたり高価な贈り物（自動車、マンション、服など）をしていなくても、2番目あるいは3番目の妻の座を狙う女はいくらでも寄ってきます。豊かな男が一夫一婦制という制度を好んでいるようである一方で、彼らが貞操面で実質的に一夫一婦制を守っていないことは不思議です。

金持ち男の方が浮気しやすいことを示すエビデンスはありません。実際、ドナルド・コックスの研究では様々な因子の調整後も、男の収入と浮気の間にはほとんど関連が見られないという結果が示されています。

収入と浮気が関わっているのはむしろ女性の方です。貧しい世帯の女性は豊かな世帯の女性に比べてはるかに浮気しやすいのです。このエビデンスは、コックスの論文でも、またロビン・ベイカーの著書『精子戦争』（河出文庫）でも得られます。ベイカーは、全男性を平均して10％は他人の血をひく子供を自分の子供と誤解しているが（デビッド・バスと同数値）、最底辺所得層の男性に限ればその比率は30％に跳ね上がる、しかし最高所得層の男性に限ればその比率は2％に激減するとしています。もしこれが本当なら、貧しい夫を持つ女性は豊かな夫を持つ女性に比べて、非常に浮気しやすいという有力な証拠になります。

先述の損得計算を考えると、この女性による所得と不倫の関係がすんなりと腑に落ちます。貧しい女性の方が、浮気がバレて離婚された時にも失うものが少ないからです。さらに、貧しい女性は、不倫をより良い遺伝子だけでなく、暮らしの糧をもたらしてくれる相手を探す手段にしているのかもしれません。

高所得は男性の不倫率を高めず、むしろ彼の妻の不倫率を下げますが、何より不倫の予兆となるのは所得ではなく権力です。当たり前だと思うかもしれませんが、権力はそれを持つ女性の不倫も増やすと知ると驚きませんか?

オランダの研究者グループ(ジョリス・ラマーズ、ジャンカ・ストーカー、ジェニファー・ジョーダン、モニク・ポールマン、ディーデリック・シュタペル)は管理職や経営者から集めたデータを用い、浮気経験、今後も浮気する意思、新たな浮気相手を得られる自信などを証明しました。

回答者の26%は少なくとも一度は浮気の経験がありました。大きな権力を持つ者ほど不倫率が高かった他、出世するほど配偶者以外と知り合う機会が増え、いずれまた浮気すると回答する率も高かったのです。

地位と不倫の関係はどう説明できるのでしょう? 出張や長時間労働は浮気のチャンスを高め発覚の可能性を減らしますが、コトはそれだけの問題ではありません。統計的に最も信頼できる説明は、自信です。高い地位にあるビジネスマンほど、その気になれば不倫相手を見つけられると答えているのです。

この調査では、女性でも不倫について男性と同等の行動を示しています。地位が高いほど浮気しやすく、また相手を見つける自信もあるのです。

こうした結果について興味深いのは、これまで女性の浮気が少なかったのは、より貞淑だからではなく、伝統的にあまり権力を持っていなかったからではないかということです。もしそうなら、新世代の女性は男性並みに浮気をするようになるのかもしれません。

［コラム］金銭的インセンティブで女性の浮気は防げる？

結婚契約は女性の不義を減らすが男性のそれはむしろ増やす——意外なソースからそんなエビデンスが得られています。

ウガンダでは、夫の実家が婚家に持参金を払うことがあります。息子の将来に向けての保証金のようなものです。妻の浮気を疑った夫は、妻や妻の実家に対し、この支払いの返還を求めます（法律では返還要求は禁じられているのですが）。

デビッド・ビシャイとショーシャナ・グロスバードの最近の調査では、ウガンダ全国の夫と妻からこうした契約が性活動に影響するかどうかを守秘を約束して聞き取り調査しました。その結果、妻の5%、夫の19%が過去12カ月に浮気をしたと回答しました。夫側が持参金を支払ったカップルに限れば、妻の2%と夫の21%が浮気をしていました。夫側が持参金を支払っていないカップルに限れば、妻の10%、夫の16%が浮気をしていました。

どうやら返還可能な持参金は、妻の不義を減らし夫のそれを増やすようです。しかし家族の特徴を調整（教育、一夫多妻、子供、夫が農民かどうかなど）した後には、この男性の浮気増進効果が消失した一方、女性の側の効果は残り、統計的にも大きい差でした。

女性に貞淑を義務付けるウガンダのシステムを原始的と思うのは勝手ですが、妻が浮気した場合に夫が果たす（あるいは男女が逆でも）金銭的義務を限定する婚前契約は同じ役割を果たすものです。さらに、国によっては離婚時の財産分与において、「有責主義」を取る、すなわち不貞を働いた側に金銭的なペナルティを科すことがあるのも事実です。

いずれもうまい仕組みですが、夫の経済力が高まって資産の保有比率が高まったり、同じ浮気でも妻がした場合の方が重く罰せられるようになると、こうした制度はウガンダの返還可能な持参金の例のように、妻の浮気を抑圧する一方で夫の浮気を助長するのです。

それは、相手が貞淑なら自分も誠実に、相手が欺くなら目には目をという、暗黙の契約を妨げるからです。こうした暗黙の契約は、浮気されたくなければ行儀よくしなさいというタガをはめることになります。

悪徳は栄えず

様々な文献で繰り返し見られるエビデンスですが、浮気をする人間の方がしない人間より幸福度が低いのです。

エルムズリーとテバルディの論文では、「あまり幸せではない」と答えた妻は「とても幸せである」と答えた妻よりも夫をたばかる率が10％高いと示されています。不幸だと感じている妻はさらに浮気しやすく、「とても幸せである」妻より12％浮気しやすいのです。

不幸に際しての浮気に男女の違いがあるとすれば、それは買春できるかどうかです。デビッド・ブランチフラワーとアンドリュー・オズワルドによる幸福をめぐる研究では、過去1年に浮気をした人は幸福度が低いが買春した人はさらに不幸であることが示されています。

不幸と不倫の関係の説明ははっきりしません。不倫そのものが人を不幸にするのかもしれません。あるいは不幸な夫婦関係から逃れたいばかりに不倫に走るのかもしれません。はたまた結婚生活とは別に不幸の原因をかこっている人が、そのはけ口として不倫に走っているのかもしれません。

心理学者デニース・プレヴィティとポール・アマートは17年間にわたって集めたデータを用い、不倫は離婚の直接的な原因なのか、それとも既に冷えていた不幸な結婚生活の結果なのかを調べました。結果は、仲の悪い男女の方が不倫しやすいというものでした。つまり不倫は離婚の直接の原因ではなく、既に不幸な結婚の結果だったのです。その上、不倫と不幸は雪だるまのように循環的に続き、ついに離婚に至るという腑に落ちる結果も明らかになっています。

どうやら不倫は、不幸な結婚の原因でもあり結果でもあるようです。

最後に

先述のレナードの2度目の妻は、彼が浮気相手を探そうとしていることに気付いたのでしょうか？ 実は私も知りませんが、彼女はきっと結婚するときに「この人は機会があれば浮気する」とわかっていたと思います。ではどうしてそんな男と結婚したのでしょう？ おそらく、どうせそんな機会はないと正しく見通していたからでしょう。彼が昇進したことは彼女にとって心配の種になったかもしれませんが、別に本気で心配するほどのことではありません。その程度の権力では、若く妊性ある女性にわざわざ手に入れたい遺伝子だと思わせるには不十分ですから。不義は経済学の問題です。金持ちは浮気しやすいなどということではなく、不倫するもしないも費用対効果分析のゆえだからです。この場合、費用は離婚に至った際に失われる収入、他です。効果は主に生物学的なものです。

例えば離婚裁判で有責主義を取れば、期待費用を上げるので不倫は減るはずです。結婚する時に同様の罰則を契約で定めても同じ効果が得られるはずです。女性でも高い地位に就きやすくする運動は、女性側の不倫を促しているようです。地位ある者はより不倫しやすいことに加え、発覚しにくくなるからです。インターネットへのアクセスは、第6章で見た通り、総じて不倫を増やしはしないかもしれないものの、相手探しを容易にすることで期待費用を下げます。

経済環境の変化が浮気しやすさを左右するという議論の面白いところは、人は離婚確率を下げるように行動しているということです。

それが明確に不倫を禁じる契約書を交わして、である人もいるでしょう。結婚式の誓いもそれを強いますが、契約書に明文化するとそれだけでは得られない経済的な罰則が科せられます。不倫は高くつくものですが、こうした取り決めがあればよりいっそう浮気封じになるというものです。

はたまた変化する経済環境に応じて結婚の形を見直そうという人もいるでしょう。現在、主流的な結婚形態は、男性は結婚によって生まれてくる子供が自分の血を引いている保証を求め、女性は生計の糧を求めた時代に生まれたものです。しかし避妊技術が進み女性の経済的独立性が高まった今、多くのカップルにとってこうした結婚形態は的外れになっています。浮気の可能性が非常に高い場合、婚外セックスを公認することは結婚生活を無傷に保つ1つの可能性になり得るのです。万人向きのやり方ではありませんが、それを言うならだれもが婚外の関係を求めるわけでもありません。そしてそれを求める人にとっては、婚外の性的関係のあり方を考え直すことは1つの合理的なアプローチになり得るのです。

次章で見る通り、人生後半の恋愛市場は、大学時代のそれにとてもよく似ています。男性が希少であることで、彼らに市場で力を持たせているのです。大学時代と違うのは、多くの年配女性は生涯の伴侶を探そうとしているのではなくただ遊びたいだけであることです。

Chapter 9

愛の終わり

Love in the Sunset (Years)

こんなに無駄な努力はない

１９８６年６月２日、『ニューズウィーク』誌は「結婚詰まり：夫を捕まえるならこの手で」という特集記事を載せました。見出しに添えられていたグラフは、若い時代を夫探しをよそに勉強に勤《いそ》しんでいた女性たちにとって衝撃的なものでした。彼女たちの結婚率がひどく低いとされていたからです。記事も大卒女性を戦慄させるものでした。独身のまま30歳を迎えた大卒女性が生涯を通じて結婚できる率はわずか20％だというのです。そして35歳までに相手を捕まえられなかったら、その可能性は5％にまで減ってしまいます。さらに40歳まで独身だった場合だと、花束を持って通路をしずしずと歩める確率よりもテロリストに殺される確率の方が高いというのです。

当時は女性の90％が一生に一度は結婚する時代でした。それだけに25歳の大卒独身女性が結婚できる確率が50％という予測には何かひどく問題があるのではないかと疑うべき予兆でした。時の経過と米国国勢調査のおかげで、この予測の当否を検証することができます。

２０１０年、記事掲載当時にちょうど30歳だった大卒女性の75％は、それからの24年間に一度は結婚しています。同じく１９８６年に35歳だった大卒女性の69％はどうにか伴侶を見つけられました。『ニューズウィーク』が１９８６年に引導を渡した当時40歳だった女性たちの68％も、めでたく夫を見つけて65歳になることができました。

マスコミがどんな不吉な予言をしようが、利己的に教育された女性たちが最も神聖な制度で破滅を迎えると予想しようが、大半の男女は生涯を通じていずれ結婚するものです。現代の結婚率がこんなにも低い理由は、ある時点のスナップショットに過ぎないからです。個人の生涯を通じてみた結婚率は、それとは全く違う姿を表します。結婚は別に廃れてはいないのです。

国連の『世界出生率報告（World Fertility Report）２００９年』によると、世界的に見て45歳から49歳の女性の結婚率は１９７０年以降、ほぼずっと90％より上を保っています。１９７０年代から１９９０年代にかけて、40代後半までに結婚歴のある女性の人数は調査対象25ヵ国のうち例外の2カ国（スウェーデンとフランス）を除いて全て増えています。

この結婚歴がある女性の率は上記の20年の間、先進国ではいくらか下がっていますが、その理由はまず間違いなく、生涯未婚女性が増えたためではなく、伝統的な結婚以外の男女関係の表れでしょう。

45歳から49歳までの女性の結婚率が最も低い国々は、結婚以外の性的関係についても最も寛容であることに不思議はありません。スウェーデン（75％）、フィンランド（80％）、ノルウェーとデンマーク（82％）、フランス（83％）そしてオランダ（85％）です。

一時点のスナップショットである結婚率は、歴史的に見て非常に低くなっています。現在の米国では成人のうち結婚している人は50％に過ぎません。だからといって、彼らが継続的な性関係を持っていないわけではありません。単に別の時点には結婚していたり（あるいはする予定）、同棲など別の形態の男女関係を選んでいたりするだけです。

ごく新しい現象と言えるのは、人生後半の愛とセックスの巨大な市場規模です。いまやかつてないほど多くの人が熟年以降に長短いずれかの性的関係を求めているのです。

［コラム］宝くじに当たると独り身になりやすくなる

宝くじに当選すると真実の愛が見つけやすくなるのでしょうか、それとも恋人と別れやすくなるのでしょうか？　スコット・ハンキンズとマーク・フックストラの論文ではこの疑問を追究し、愛は金では買えないと結論しています。実際、少なくとも女性にとっては、むしろ金は独りでいる自由を買うものです。

この研究では、数万人規模の宝くじ当選者のデータを用いて5万ドル以上の棚ぼたを引き当てた人々と1000ドル未満の幸運を引き当てた人々のその後を比較しています。その結果、多額の賞金を得た女性は、少額の幸運を引き当てた女性に比べて、その後の3年間に結婚する確率が40％も低いことがわかりました。

どうして多額のお金を手に入れた女性は結婚しにくくなるのでしょう？　経済的に自立できたことで伴侶選びにじっくり時間をかけられるようになったり選り好みが激しくなったのかもしれません。あるいは賞金を独り占めして使い果たしてしまうまで結婚を先延ばしにしているのかもしれません。

ですが男性についてはこうした関係は見られません。いくら引き当てようが、その後の結婚に影響を受けないようなのです。

離婚率についても、宝くじ当選の影響はとても小さなものです。２万５０００ドルから５万ドルを引き当てた人がその後３年間に離婚する率は、１０００ドル未満を得た人に比べて１％未満ほど低いのです。宝くじを引き当てると結婚生活をより長くする傾向はありますが、離婚しやすくはならないのです。

この論文はあまり重要ではなさそうに見えるかもしれませんが、重大な含みを持っています。社会がより豊かになるほど、結婚年齢は男性側より女性側の決意に主導されるようになることを示唆しているからです。さらに、若いうちに結婚したいという女性の熱意が冷めているのは、単純に仕事に打ち込んでいて夫探しにかまけていられないからではないことも示唆しています。宝くじを引き当てた――棚ぼたの大金を手に入れた――独身女性の行動は、結婚するもしないも金次第であることを示しているのです。

活況を呈する老いらくの恋市場

既述の通り、市場は活況であることも閑散とすることもあります。閑散とした時には、売り手と買い手がいそいそと取引をする価格には至りにくいのです。活況の市場では買い手も売り手も大勢おり、双方納得の均衡価格に至りやすくなり、したがって交換取引も増えます。

長期的な傾向として熟年結婚をめぐる市場は大変な活況を呈しています。となると「交換」(すなわち縁結び)が起きやすいばかりか、まとまった縁の質も10年前や20年前では思いもつかなかったほど良くなるのです。

こうした熟年恋愛市場の発達には、経済学的に様々に説明がつきます。

第1に、多くの人が人生後半まで初婚年齢を延期していることです。この傾向は、男女ともに希望する子供の数が少なくなっているためでもあります。これなら、女性が晩婚化してもなお欲しいだけの子供が作れるからです。3人も4人もはともかく1人か2人なら、多くの女性にとって30代で初産でも大丈夫です。

同時に不妊治療やライフスタイルの選択のおかげで女性が年をとっても若々しさを保てるようになったことで、若い時分の結婚・子作りの重圧から解放され、30代や40代になっても子供が持てるようになった期待が高まったことが挙げられます。

避妊技術が普及し社会通念が変化したことで(第1章で既述)婚前交渉が増え、男女ともに結婚かさもなくば禁欲かという選択を迫られなくなっています。このため長期的な絆を約束する前に複数の性的パートナーを得ることができるようになりました。

家事の自動化や歴史的に女性が担っていたような家事労働(炊事や洗濯など)も、誰でも簡単にできるようになりました。もはや男性でも家事のために女性の助けは必要としていませんし、女性も伝統的な家事に追われずに外で賃金労働に従事できるようになったのです。こうして独立性が高まったおかげで、より長い間独身を続けられるようになりました。

これらの経済的力は、婚外子への非難も弱める一助になりました。より多くの女性が自力で子供を育てられるようになったことで、たまたま妊娠した未婚女性も独身のままでいられるようになりました。女性の親にできちゃった結婚を迫られた時代は過去のものとなり、10代や20代前半で妊娠した女性が人生後半に結婚を先延ばしにすることもできるようになりました。

熟年恋愛市場発展のもう1つの理由は、出会いサイトやSNSのおかげで出会いコストが下がったことです。このことは若年より熟年独身者にとってより大きな影響があります。熟年になると現実世界での出会いのチャンスが若者のようには得られないからです。仮想世界が出会いコストを下げたおかげで、より多くの年配者が恋愛市場に参入できるようになったのです。

それだけに、オックスフォード・インターネット・インスティテュートの調査（論文著者はバーニー・ホーガン、ウィリアム・ダットン、ナイ・リー）で、1997年以降にデートし始めたカップルのうちネット上で出会いのきっかけをつかんだ人々は若者より年配者の方がはるかに多かったことは偶然ではありません。オンラインで出会った人々は、20代ではわずか19%、30代では23%、40代では35%、50代では38%、そして60代となると37%に上るのです。

この現象は、熟年向けの専門サイトがたくさんあることのためであるのは明白です（余談ですが、最近の誕生日を過ぎてから、私のフェイスブックのニュースフィード・ページに表示される広告が「独身の父親が愛を求めています!」から「若い女性お断り!」になりました。なんとも市場内での立ち位置を思い知らせてくれるものです)。

熟年サイト人気のさらなる理由は、寿命が延びているからです。2007年の『米国人口動態統計報告書』によると、1960年に60歳だった男性が合理的に期待できる余命はそれからわずか15年間でした。今日ではこの場合の期待余命は21年余りに延びています。女性の場合、1960年に60歳だったとすると期待余命は20年でしたが、現在では24年に延びています。

長寿化が進んでいることは2点で重要です。1つは、出会いから関係を育むまでには当然ながら時間がかかります(いわば出会いの固定費用です)。男女が長く生きるほど、初期投資に対するリターンが増えます。だから寿命が延びればますます多くの人々が恋愛市場に参入する気になるのです。

2番目の理由は、男女の期待余命が接近するにつれてやもめになる期間が短縮されることです。となると新たな関係への年配者の意欲は高まります。とりわけかつてはパートナーに先立たれることを恐れて二の足を踏んでいた女性です。

余談ですが、熟年恋愛市場の隆盛ぶりは離婚が主因と思う人もいるかもしれません。実は離婚は全く説明にはなりません。理由は、ベッツィー・スティーブンソンとジャスティン・ウォルファーズが報告しているように、離婚率は1970年以来いまが最低水準だからです。

この離婚の減少は昨今の景気後退のためではなく(景気後退が離婚を減らすことは既述)、より長期的な離婚減少の傾向のためです。夫婦1000組当たりの離婚数は1979年には23組だったものが2005年には17組になっているのです。

確かにいまや、多くの人が新たな伴侶と第2、第3の人生を歩めると信じて新たな愛を求めています。しかしこうした根拠なき期待は、この市場が成長した理由ではありません。むしろ離婚の減少傾向を考えると、高齢の独身者が減るにつれてこの市場はやがて縮小するのかもしれません。

[コラム] 背の低い男は若い妻を貰う

多くの女性が伴侶として長身の男性を求めることを思うと、短躯の男性はあまり魅力のない女性で我慢しなければならないと思われます。しかしエコノミストのニコラス・ハーピンは、彼らに希望の光を投げかけています。経済的に成功している短躯の男性は先々になって長身の友人よりも若い伴侶を見つけられるというのです。

多くの研究で、男性の身長と収入の比例関係が見出されています。例えばドイツのデータでは、平均より7センチ身長の高い男性は平均身長の人よりも4％高収入です。この現象には単純な職場差別の外にもいくつか仮説があり、子供時代の社会経済学的地位が成人後の身長に関わっているというのはその有力な1つです。ですが背の低い男性が結婚市場で苦戦する理由は収入にとどまりません。収入を調整した後でも、女性は背の高い男性を好むのです。

ダン・アリエリー、ギュンター・ヒッチ、アリ・ホルタサスによる共同研究では、第3章で扱ったデートにおける人種選好調査と同じデータを用いて、出会いサイトで自分より12センチ背の高い女性に振り向いてもらうためには50万ドル以上稼がなければならないとしています。

同じ調査では、身長190センチから193センチの男性は、出会いサイトで170センチから173センチの男性よりも60％も女性から反響を得やすいとしています。

ハーピンはフランスのデータを用いて、背の低い男性は、社会的地位を調整した後でも、結婚も真剣な男女関係も得にくいとしています。身長170センチに満たない30歳から39歳の男性のうち結婚しているのはわずか60％ですが、身長170センチ～180センチになると76％が既婚者です。

背の低い男性はさらに年をとっても独身傾向が強いのですが、熟年結婚市場では有利になります。外見よりも安定した経済力を求める若い女性がいるからです。背の高い男性はより若いうちに良き家計の担い手として年の近い女性と結婚する可能性が高いのです。

盛りのついた老人男性にとって買い手市場？

これまでカジュアル・セックス市場についてたびたび述べてきました。高校や大学のように、少数派の男性が多数派の女性の性行動を支配している状況です。

生殖可能年齢の男女の人口はおおむね拮抗しているのですが、男性が上手を取っている市場では女性が男性を探すようになります。これは女性の方が性的パートナー選びでより選択的であるためでもあります。しかし同時に、多くの女性が長期的な関係を求めているのに対し、男性が多くの相手をとっかえひっかえする短期間の関係を求めているためでもあります。

もちろん男女のこうした行動の違いには定説があります。男性にとっては妊性ある多くの女性を相手にした方が生殖的成功が得られやすく、女性にとっては質の高い相手の子供を産むことが生殖的成功に結び付きやすいというものです。

とてもなじみ深い定説だけに、私たちはこのメガネをかけて男女の性行動の違いを見るようになっています。ですが、妊性が下降線をたどる人生後半の性行動についてもこうした生物学的素因が性行動を駆りたてていると信じることは合理的でしょうか？

（ちなみに妊性は女性だけの問題ではありません。英国でモハメッド・ハッサンとスティーブン・キリックが行った調査では、男性が46歳以上のカップルと25歳未満のカップルを対象に調査し、前者の方が妊娠させるまで1年以上かかる率が5倍、2年以上かかる率が12・5倍多いことを突き止めました。この結果は、パートナーの女性の年齢や性交頻度を調整した後でも変わりませんでした）

妊性の変化は、高齢期の恋愛や生殖行動を男女ともに変えてしかるべきです。例えば閉経後の女性は、最も質の良い子供を得たいという生物学的インセンティブを失います。そしてそれとほぼ同時期に、カジュアル・セックスの経済学的阻害要因、すなわち望まぬ妊娠による生涯収入の低下や以後の結婚可能性の低下などもなくなるのです。

一方で、高齢男性は、当初こそより若く妊性の高い女性を探して自らの妊性の衰えを補おうとするかもしれませんが、ある年齢を境に（とりわけ妊性ある女性を得る見込みがなくなったときから）、性的判断も生殖のための生物学的衝動から解放されてしかるべきです。そしてこの変化もやはり、男性が新たな経済学的インセンティブを得る時期とおおむね一致しているのです。すなわち老後の介護をしてくれる女性です。

男女の平均余命差は縮小してはいるものの、高齢カップルの家庭づくりにおいては、女性はやはり比較優位性を持っています。それは家事能力という著しく過小評価されている能力です。しかし第4章で論じた家庭内での交換においては、男女双方が何かしらを提供しなければなりません。女性にとって家事や介護の負担が結婚生活を通じて得るものよりも大きければ、さらにカジュアル・セックスがより手軽に得られるのなら、長期的な関係を結ぶより独身を続けた方が良いことになります。

女性の長い平均余命と妊性の低下は、少なくとも理論的には、女性が短期的な関係を探し求め、男性の方が長期的なパートナーを探す傾向を高めるはずです。

ある物語があります。数年前、父の友人が訪ねてきて、数年ほど付き合っていた相手との関係を解消すると話しだしました。父がどうして別れるのかと尋ねると、彼は悲しげに首を横に振り「彼女は私をセックスの相手にしていただけだ」と言ったのです。当時すでに80歳を過ぎていたはずの人で、私にはとてもセックスの相手として見ることはできませんでしたがその女性にとっては確かにそうだったわけで、彼はそんな関係には飽き足らなかったのです。

先に男女比が男女の性的判断を左右する重要な因子となるのだと述べました。となると盛りのついたおじいさんにとって買い手市場で、おばあさんは高校や大学時代と同じ性的重圧にさらされていると言いたくもなります。しかし、熟年恋愛市場においても高齢女性は若い女性と同じように結婚を求めており、高齢男性は若い男性と同じようにカジュアル・セックスを求めているという暗黙の仮定は正しくないと私は思います。

純粋な経済学的見地からいえば、売り手の数が上回れば成約価格は安くなります。熟年恋愛市場の価格とは縁の質です。女性の方が多ければ、彼女たちは質の低い縁でも妥協しなければならないはずです。

この仮説は検証可能です。もし高齢女性が質の低い縁でも受け入れ、高齢男性がそうではなければ、熟年恋愛市場では女性の供給過剰と結論できるからです。

ウィリアム・マッキントッシュ、ローレンス・ロッカー、キャサリーン・ブライリー、レベッカ・ライアン、アリソン・スコットは、この仮説を検証しました。結果は、高齢男性は若年男性よりも伴侶探しにおいてより選択的で、その理由はより質の高い縁を探しているからだというものでした。市場にはとても多くの女性がいるため、男女の力関係がどうあれ、男性にとって理想の女性を見つけやすいはずなので、この結果は別に驚くまでもありません。意外だったのはむしろ、高齢女性の方が高齢男性よりさらに選択的だったばかりか、若い女性にもまして人種、年齢、収入、身長などについて伴侶選びにえり好みが激しかったことです。

65歳を過ぎると男性1人に対して女性が3人いると推計されており、これは女性の方が熟年恋愛市場において数が多いが、だからといって男性が市場の主導権を握っているわけではないという私の主張を裏付けるエビデンスです。女性にとっては意に染まない縁を受け入れるより独りでいるという選択肢が常にあるからです。年寄り男性の介護を迫られるくらいなら、彼女たちにとっては独り身の方がましなのです。

最近、母の友人と話をする機会がありました。60代後半の素敵なご婦人です。会話の中で彼女はさりげなく言いました。またデートするとしても医師の診断書と銀行の口座明細を見せてくれる男性とだけね、と。私はデートの助言を医師から得ようなどと思ったことはありませんが、考えてみると、少なくとも賢明な高齢女性なら、医師の診断書どころか保険計理士にさえ相談すべきかなと思います。

おそらく高齢男性のことは、着実に愛情とセックスを与え続けてくれる年金商品のようなものと考えるのが最も良いのでしょう。この年金は、定額を一定期間支払ってくれるものではなく、購入時にはわからないいずれ将来の時期に給付が中止になります。いくらいつ給付が打ち切られるかわからないとはいえ、リスクを避けるタイプの女性としては、最低でも元を取る前に給付止めになるリスクに備える必要があります。

リスクを避ける女性の観点からは、男性の方が平均余命が短い以上、自分の留保価値が高いことになります。ということは、男性側がよほど良い条件を持っているのでもない限り、市場での主導権がいくらか女性側に戻ることになります。

さて、男と付き合う前に医師の診断書が見たいと言った先の母の友人の話に戻りましょう。正直言って、私は高齢者の性行動について明るくありません。件《くだん》の話を聞いた時には、長生きするパートナーを探しているのだと思いました。後にわかったのは、クルーズ船船長と老婦人クルーズ客グループの乱交ぶりの話を聞いてからで、彼女が求めているのは全般的な健康だけではなく性病を持っていない相手ということだったのです。

これはなかなか良いアイデアに思われます。とりわけ50代以上の人々がこの10年ほどますます危険な性行動に耽るようになり、その代償としてSTD（性病）罹患率が上昇しているからです。

お母さんに、する時はコンドームをと諭すには？

「若い」と「愚か」という単語は自ずから相性が良さそうです。18歳の男性がコンドーム着用の費用対効果を考えるのも、永遠の命をあてこんでいるためと思えば聞き流せます。しかし彼が50歳となればどうでしょう？　彼の主たる目標は可能な限りの長寿でしょうか、それとも少なくとも厄介な性病を避けることでしょうか？

どうやら愚かさは若者の特権ではないようで、50代以上の層ではコンドームの着用率が極端に低いため、カジュアル・セックスが増えるにつれて性病の罹患率も高まっています。

米国のＨＩＶ／ＡＩＤＳ罹患者で最大の人口集団は45歳から49歳までの集団ですが、２００７年から２００９年までに最も罹患率を高めた人口集団は60歳から64歳までの層なのです。

米国インディアナ大学が実施した『性行動に関する国勢調査』によると、51歳以上の性的に活発な男性の23％は、最近セックスをした相手は「行きずりの関係」だったと報告しています。また前年に新たなセックス・パートナーを得たか２人以上のパートナーがいた男性のうち最近のセックスの際にコンドームを使用した人はわずか25％に過ぎません。

セックスの際にコンドームを使用するか否かは、２つの要素に関わっています。２人がコンドーム使用の是非をどう考えているかと、その2人の間でどちらが判断の主導権を握っているのかです。

コンドームを使わない無防備なセックスの期待費用は、相手が性病を持っている可能性（罹患率）と、それを持っていた場合にうつされる可能性（伝達率）にかかっています。

高齢者のＳＴＤ罹患率が高まっているとはいえ、若者の感染率に比べればいまもはるかに低いのは事実です。梅毒の罹患率は、55歳から65歳までより20歳から24歳までの方が10倍も高く、淋病の場合はほぼ40倍、クラミジアでは１００倍です。それだけに、高齢者同士が無防備なセックスをしても若者同士の場合に比べるとリスクははるかに低いのです。

そうはいっても、高齢男性は高齢女性に比べて、これらの性病のいずれについても罹患率が高く、だから高齢者同士で無防備なセックスをする場合、女性の方がはるかに大きな危険にさらされます。

そして保菌者とセックスした場合に実際に病気をうつされる率（伝達率）は、男性よりも女性の方がずっと高いのです。例えば男性がＨＩＶ感染した女性と無防備な性器性交を1度した場合の伝達率は0・01%から0・03%ほどです。しかしこの男女を入れ替えると、伝達率は0・05%から0・09%に上昇します。けっこう低いと思うかもしれませんが、女性の方が伝達率の高い性病はＨＩＶにとどまりません。

感染率と伝達率は高齢女性がコンドーム使用を主張する立派な理由になりますが、男性側の無防備なセックスの期待費用が低いことは説得を難しくします。

とはいえできないことではないはずです。

実際、もし高齢女性がカジュアル・セックスを楽しみたいのなら、若い頃よりもコンドーム使用を条件に交渉することは容易なはずです。なぜなら、それを主張することで相手との先々が壊れてしまうことを恐れる必要はないからです。むしろこの市場では男性の方が先の長い関係を求めているので交渉上の分が悪いはずです。

男女の平均余命の違いが生み出す市場のバランスの崩れに対する解決策があります。高齢女性が若い男性と関係を持つことです。状況への解決策としてこれが何よりだと考えるのは私だけではないことを示すエビデンスもあります。

〔コラム〕 高齢女性向け売春宿はあり得ない？

世界のセックス取引を盛んにしているのは、様々なタイプの多くの相手とセックスをしたい男性たちです。一方、女性はより数少ない決まった相手とのセックスを望むため、女性向けのセックス産業は割合に小規模です。とはいえ、高齢女性がカジュアル・セックスの相手探しで直面する苦労を思えば、それ専門の商売が儲かるのではと考えてもおかしくありません。

社会学者のジャクリーヌ・サンチェス・テイラーはカリブ諸国のビーチを訪ね歩き、女性観光客に地元の男性との性体験について聞きました。その結果、地元の男とカジュアル・セックスをして金銭を与えている女性でさえ、明確に売春を謳ったサービスには興味がないと答えました。

また女性の31％は旅行中に地元の男と少なくとも1度セックスをしており、彼女たちのほぼ半数は複数の相手がいたこと、さらに数人は6人以上とセックスをした旨を答えました。

また地元男性とセックスをした女性たちの60％は相手に現金もしくはその種の贈り物をしたと答えています。これは現地の人にとっての食事や暖かいシャワー、少額の現金などの価値をより豊かな社会が見くびっていること、ひいてはこうした刹那の性関係の底流にある経済学的性質を過小評価している手掛かりです。そしてこの調査は旅行中の観光客を相手に実施されているため、地元の男たちが帰国間際や帰国後まで金をせびる機会を待っている可能性を見落としています。

地元男との性的関係について聞かれ、肉欲上だけのことと答えたのはわずか2名だけで、20％以上もが「真実の愛」の結果と答えています。一夜のセックスの後で男に金を渡した女性たちでさえ、そうした関係を「休暇中のロマンス」と称しています。

明らかに女性向けの売春市場は存在しますが、では母国に戻った彼女たちは男を売春宿に買いに行くでしょうか？　たぶんそうはしないでしょう。彼女たちの25％が休暇中にあからさまに買春を持ちかけられたと答えていますが、1人としてそれに応じた女性はいなかったのです。

> 女性のセックス・ツーリストはサービスを買っていますが、それも賃金の安い発展途上国におけるロマンスの幻想を通じてだけです。先進国の売春宿でこうしたサービスを提供し、手の届くサービス価格だったとして、女性たちは本当にそれを買うでしょうか？

市場問題の解決策としてのツバメ喰い

私が36歳だった頃のことです。ディナー・パーティーでむっとしたことがありました。もう誰も男性なんか紹介してくれないのねと気落ちしていたところ、パーティーのホストが私にぴったりな相手がいると意気込んで言うのです。彼らの話では、その人はあらゆる点で私の対極にあるのでした。それだけにどうして彼らがその人を私に薦めるのかわかりませんでしたが、この手のことについてはオープンな姿勢を保つのが私の流儀です。とはいえ、それも彼の年齢を聞くまででした。53歳だというのです。

この出来事が記憶に残っているのは、彼らが、田舎暮らしで高卒で私の父親並みの年齢の商店主を紹介しようとしたからではありません。私が17歳も年上の人に興味を持つようにはきっとならないと思うわと言った時、ホスト夫妻が互いを見やった表情が忘れられないからです。彼らの顔にははっきりと「どちらがこのネンネにこれ以上の話は2度と見つからないだろうと言ってやるんだ?」と書いてありました。

そしてこんな経験は、この時だけではなかったのです。

長期的な関係を考える時、大きな年齢差は問題になり得ます。第6章のジェーンの話を思い出してください。彼女の方が夫よりもはるかに若かったために多くの夫婦が相談して決めるようなことにも彼女の意見がほとんど通らなかったこと、彼女が交渉力を持てなかったことが結婚生活の不幸の原因になっていたことがわかるでしょう。この夫婦が長続きしなかった直接の原因は年齢差ではありませんでしたが、経験的なエビデンスに基づいていえば、年齢差は夫婦が長続きするかどうかに影響します。

結婚生活における交渉力は、少なくとも理論的には、他に異性関係が得られる相対的可能性によると先に述べました。年齢差はこの要因の1つです。例えば若い女性がもてはやされる市場においては、同じ40歳の男性と結婚するのでも、40歳の女性と25歳の女性とでは、年齢以外の条件が揃っていれば後者の方がより交渉力を持てます。

となれば、ジェーンの方がずっと若かっただけに再婚の相対的可能性が夫よりも高く、ひいてはもっと交渉力が持てたはずということになります。

しかしソニア・オレフィスの調査によれば、異性愛のカップルにおいては、若い方のパートナーの家庭内決定権が小さいことはごく一般的とされています。この調査で面白いのは、こと同性婚においては、年齢と交渉力の関係は全く経済理論通りになるということです。

夫婦の相談事の1つに、仕事と家事にどちらがどれだけ時間を割くか、どちらかが家事を専業でやるのかどうかがあります。そして、交渉力の強い方が賃金労働に割く時間が少なく（子供の人数など調整後）、交渉力が弱い方が長時間を賃金労働に費やすと考えられます。その程度は相対的な交渉力次第です。

ソニア・オレフィスの調査では、妻が夫よりも5歳若いと、彼女の賃金労働時間は年に10時間増え、夫のそれはほぼ11時間減ることがわかりました。このことは年上の伴侶（この例では夫ですが、異性愛夫婦なら性別にかかわりません）の方が、年長であることを盾に、有利に交渉を進めていることを表しています。

レズビアンとゲイのカップルでは傾向は全く逆で、しかも差が著しいのです。若い方が交渉力が強く、その結果、労働力市場で費やす時間が短いのです。

女性パートナーより5歳若い女性は年間労働時間が21時間短く、年上のパートナーの方が20時間長く働きます。男性パートナーより5歳若い男性は年間労働時間が22時間短く、年上のパートナーの方が23時間長く働くのです。

労働時間と同じ関係は、所得分配についても成り立ちます。同性愛カップルの場合、年齢差が大きいほど年上から若いパートナーへと所得が移転し（年齢差5歳の場合レズビアンでは2200ドル、ゲイでは1500ドル）、一方、異性愛者の夫婦の場合では若い側から年長者へと所得が移転します（年齢差5歳の場合900ドル）。

異性愛者では年長者により交渉力があるという調査結果は、若い側の方が離婚しても再婚できるチャンスが大きいことを思えば意外かもしれません。考えられる説明の1つは、年長の伴侶はたいていの場合は夫であり、年長者と男性であることの権威が若い妻が持ち得る優位性を圧倒していることです。2番目の仮説は、法的に結婚している夫婦にとって不倫の大小は非常に高くつくので、こうした選択肢はあまり交渉力に影響を及ぼさないのかもしれないというものです。同性愛カップルの場合、関係を解消する障害は少なく（ここで用いるデータは2000年に得られたもので、当時は同性婚は法的に認められていませんでした）、パートナーのいずれかが社会的に優勢ということはありません。

この点では同性カップルの方がはるかに自由経済的な動向を示しており、経済理論が示す通り、若いパートナーが主導権を持つのです。

カップル間の大きな年齢差についての2番目の問題は、それがより幸せな結婚につながるのかどうかということです。レベッカ・キッペン、ブルース・チャップマン、ペン・ユーはオーストラリアのデータを使ってこの問いに挑みました。その結果は、年齢差が大きければ大きいほど、離婚に至りやすいというものでした。

例えば、夫が妻よりわずか2歳若いだけでも、夫が妻より1歳年下から3歳年上までの夫婦に比べて、離婚率が53％高まっていました。これは妻が年上である場合に限ったことではありません。夫が9歳以上年上の場合でも、夫が妻より1歳年下から3歳年上までの夫婦に比べて、離婚率は倍になっていました。

年の差結婚がどこまでうまくいくかはともかくとして、パーティーのホストが私よりはるかに年上の男性が私に興味を持っていると言ったのがもし本当であるなら、彼らの発想はおそらく正しかったのでしょう。私が恋人を得たければ、自分と年恰好の近い人という理想は叶わないことを受け入れなければなりません。

とはいえ高齢の男性が若い女性しか見ていないという予断は誤りです。確かに高齢の男性は若い妻を求めていますが、経済学部生だったミック・ジャガーの箴言《しんげん》――望み通りのものがいつも手に入るとは限らない――を思い出してください。ことデートについては、年配男は若い女性を求めているかもしれませんが、手に入る相手はえてして同年輩の女性です。

心理学者シーナ・シアーズ＝ロバーツ・アルテロヴィッツとジェラルド・メンデルゾーンは、『ヤフー！ お見合い』のデータを用い、男性は年をとるほどいっそう若い女性を求めるようになることを発見しました。例えば20歳から34歳までの男性は、平均して自分よりわずか1歳若い女性を探していました。同じく40歳から54歳までになると自分より5歳、60歳から74歳になると自分より8歳、75歳以上になると自分より10歳以上若い女性を求めていました。

女性も年をとるにつれて、自分より若い男性を求めるようになります。ごく若い女性は3歳年上の男性を求めますが、年をとるにつれてだんだんと自分に近い相手を探すようになるのです。そして60歳から75歳までに差し掛かると自分と同年齢の相手を、75歳以上になると3歳年下の男性を求めます。

実際の結婚状況を確認するため、米国国勢調査をひもといてみました。２００８年から２０１０年にかけて成婚した例の多くでは、夫の方が妻よりもはるかに年配でした。40歳から65歳までの男性のざっと50％は5歳以上若い妻を貰っていたのです。

一方では、多くの女性もやはり若い男性と結婚しています。

40歳から65歳までの新婚女性の約17％は、５歳以上若い男性と結婚しています。これは近過去に比べても大きな変化です。１９７０年代末頃、60歳未満の女性が5歳以上若い夫と結婚する例はわずか3％でした。それから30年が経ち、こうした結婚は8％にまで増えます。より最近のエビデンスによれば、「年下の男の子」結婚はさらに増えているとされています。

エコノミストのメルヴィン・コールズとマルコ・フランチェスコーニはこの傾向——女性が若い亭主をもらうようになっていること——は、女性の高学歴化の直接的結果と論じています。30

年前の女性たち自身より高学歴であるばかりか、伴侶である男性群よりもそうだというのです。

どうやら少なくとも一部の男性は、若いがあまり経済的安定をもたらさない妻よりも、おそらく年をとっているが経済的に成功している女性を娶ることを、機会があれば選んでいるようです。夫より高学歴で職業階級も高い女性は、平均的な女性に比べて、6歳以上年下の夫と結婚する可能性が45％高いとされています。

［コラム］好景気を示唆する豊胸手術

第6章で、性玩具の市場を見ていると景気後退の予測の足しになると述べました。不況の際には、快感を安く得るために大人のおもちゃの売り上げが伸びるというわけです。潤滑ゼリーも同じ理由で不況の予兆になります。一方、景気が上向きになったことを示す指標があります。豊胸手術をはじめとする形成外科手術です。

米国形成外科学会（ＡＳＰＳ）が２０１１年に発表したプレスリリースによると、若々しさを求めての美容術の施術は増えています。フェイス・リフト（顔面のしわ取り術）は９％、ブレスト（胸部）・リフトは３％、下腹部リフトは９％、上腕リフトは５％、太ももリフトは８％増えています。

ASPSの言うところでは、この需要増大は消費者の自信が増大していること（だから豊胸手術が景気上向きの先行指標になるわけです）を示しており、この需要増大の一部は先だつ2年間の経済混乱のあいだ棚上げになっていた需要を取り戻した結果としています。

説明は他にも考えられます。高齢化する労働者群が楽隠居はできそうにない、仕事の取り合いもすっかり厳しくなったがそれでもまだもう少し働かなければならない、という悲しい長期見通しを立てているということです。その結果、彼らは若々しさと男らしい外見に報いる市場で立場を確保するためにしわ取り術に投資しているという説です。

もしそうであるなら、美容整形術の需要を駆りたてているのは消費者の自信ではなく、むしろ自信が持てずにいることの直接的な結果かもしれないのです。

［コラム］身も心も蕩《とろ》けて

数年前、ヒューゴ・マイアロンという真に創造的な（そして果敢な）研究者が1

す。

万6000人の男女を対象に調査をし、彼らのオーガズムをめぐる経済学的研究を行いました。と言っても、脳内にドーパミンが行き渡る恍惚を伴う純粋なオーガズムについて調べたのではなく、何が常習的にイッたふりをさせるのかを調べたので

　現在の相手とのセックスで常習的にイッたふりをしているのは男性でおよそ26%、女性で72%ほどです。男の方が率が低いのは、ふりをしてやり過ごせるとは思っていないからです。男女の別にかかわらずパートナーに嘘を見抜かれるのは嫌なもの。欺瞞の期待費用は発覚する可能性の積なので、イッたふりをする期待費用は男性の方が高いのです。

　この調査についての疑問は、女性がイッたふりをする時、本当に騙されているのはどちらかということです。彼女が彼を騙しているのだから男性でしょうか？　それとも、騙しおおせていると思っている女性の方でしょうか?

　調査対象の男性の過半数（55%）は、彼女がイッたふりをしてもそれには騙されないと答えています。統計的には、これらの男性の少なくとも半数はイッたふりをする女性を相手にしていることになります。同時に、イッたふりをしても見抜かれると考える女性はわずか24%です（ここには実際にはイッたふりをしていない女性も含まれています）。この差に説明をつけるには、彼女はイッたふりなどしていな

いと彼が思っているか、あるいは彼女たちがイッたふりをしているのに彼にはバレていない（実際にはバレているのに）と思っているかです。

男どもは女性がイッたふりをしているのがわかっていてもそれを認めないのでしょうか？　そうかもしれません。しかしセンター・フォー・セクシュアル・ヘルス・プロモーションによると、男性の85％が最近のセックスで相手はオーガズムに達したと答えているのに対し、女性側の回答はわずか64％にとどまりました。

ところで、最もふりをしているのはどんな人でしょうか？　高齢男性は若年男性よりもふりをしがちです。理由はおそらく、彼らの方が真の快感を得ることが少ないのでしょうし、また男女ともより高い教育を受けている方が欺きやすいからです。

ヒューゴ・マイアロンは、教育のある人の方が嘘も演技もうまいのでイッたふりをしてもバレにくいのだと仮定しています。私が教える学生の意見は、教育のある人は本物の快感を得る体験が少ないのだと言います。となると、何のために多大な教育投資をして20秒間の真の恍惚を知る暮らしを忙しさの犠牲にするのかと思わざるを得ません。

最後に

本章の冒頭で紹介した『ニューズウィーク』の記事は、大学で学んでいる女性に対し、そんなことをしていると結婚するチャンスをなくしてしまうと警告するものでした。それからの月日に、いったい何人の女性が花婿探しをあきらめてしまったのかと思います。確かにこの記事が書かれた年に40歳で独身だった女性の68％はやがて結婚したのですが、もしかして、当時あきらめなければ結婚できていた女性もさらに5％か10％はいるのでしょうか？ あるいは、売れ残ってはと焦るあまりすべきではない結婚を早まったということは？ はたまた進学などしていては売れ残るからと教育投資を早々に切り上げてしまった人は？

エコノミストの1人として、年配の女性にとって見栄えの良い数字には見えないことを知っています。年配の男性がかなり若い女性としかデートしないことを考えると、多くの高齢女性が自分たちは孤独な独身女性としての余生を運命づけられているのだと信じても不思議はありません。ですが、先の『ニューズウィーク』の記事が高学歴女性に結婚できる目はないという誤った印象を与えたのと同じように、高齢恋愛市場における男女比について誤った印象を与える統計類は、女性には市場で力が持てないのだという誤った印象を与えたのでしょうか？ そしておそらく、同じほど危険なことに、高齢男性にも同じ印象を与えてしまったのでは？

めです。

私はこの号の『ニューズウィーク』の表紙をハガキ大に縮小してデスクの前に飾っています。統計的エビデンスがどれだけ人をミスリードするか、人々の暮らしにも害を成すかを忘れないためです。

経済的市場は全ての関係者が全ての情報を持っている時に初めて適切に働きます。もし男性側が（高齢層では男性の方が数が少ないので）自らの交渉力を過大評価しているなら、いずれ失望することは必至です。おそらく健康と財力に恵まれている男性にとってはそうではないでしょう。先述の私の母の友人が語ったように、健康と経済力に恵まれた男性は常に引く手あまたです。ですがこうした男性は、老いらくの恋市場でごくわずかな割合しかいないのです。

自分の交渉力を見誤ると市場が歪む例があります。私の友人で70代半ばの独身女性がおり、彼女はオンラインでデート相手を探しています。彼女はあらゆる面で良い相手です。収入も豊かでいくつも別荘を持ち、健康的で魅力的、そして楽しみ方も知っています。彼女は最近、出会いサイトで寄せられたメッセージに一般的な「こんにちは、お会いできてうれしいです」という定型メッセージで返信しました。すると相手は返信がそっけないと怒り出し、自分からメッセージが寄せられるだけでありがたいと思えと言いだしました（ちなみに後にわかったところではその相手は彼女より10歳年上に見えるよう年齢を10歳若くあざむいていました）。

この場合は一方が主導権はもっぱら自分にあると誤解したことで話が壊れてしまいました。

熟年恋愛から男女が得るものの違いを物語るちょっとしたエビデンスの話で締めくくりたいと

思います。50代以上の性行動についてのある研究の結果、最近のセックスにおいて、男性は相方（男女は問わず）が一定である場合の方がより大きな喜びを得ていたのです。決まった相手との場合は91％の男性がオーガズムを得た一方で、カジュアル・セックスや友人とのセックスの場合はわずか80％にとどまったのです。

一方女性は、決まった相手以外とのセックスからより大きな喜びを得ていました。決まった相手とのセックスでオーガズムを得たのは58％にとどまりましたが、カジュアル・セックスや友人が相手だと数値は80％に上るのです。

これは経済学的エビデンスに見えないかもしれませんが、実はそうです。セックスと恋愛をめぐる市場は、単純な需要と供給よりもはるかに複雑なのです。

FINAL THOUGHTS

結語

経済学にはマクロ経済学とミクロ経済学があります。ミクロ経済学は個人のふるまいを理解せんとするものですから、セックスと恋愛の市場を経済学的に理解しようとすると、事実上、ミクロ経済学領域の理論に導かれます。

その上で言うのですが、これまで様々な恋愛とセックスの市場を論じてきて、私はマクロ経済が市場関係者に与える深い影響に驚きを禁じ得ません。マクロ経済学は市場関係者全てのふるまいを様々な変数——教育、技術、国民所得（ＧＤＰ）、失業、所得格差、消費、貯蓄——の分析を通じて集約的に理解しようとします。

例えば、教育が雇用に及ぼす影響がいや増すばかりであることは、婚前交渉をめぐる通り相場を形作っています。女性の高学歴化は彼女たちに、在学中の性行動の乱れや低学歴の男性との結婚を促しています。インターネット技術がかつてないほど学歴や所得の点で似た者同士のカップル成立に寄与しており、こうした出会いの質の向上が離婚率の低下につながっています。工業化は現在の結婚形態の形成に重要な役割を担い、さらには先進国に同性婚を受け入れさせています。女性の経済力が男性に比肩し得るようになりつつあることで、家庭内の判断の主導権が変わりつつあることも見ました。所得格差の激化は離婚率を増大させているばかりでなく、低所得世帯の高校生をよりリスクの高い性行動に駆り立てています。

セックスと結婚をめぐる社会の行方を見通すには、こうした転変するマクロ経済学的条件がごく私的な判断に及ぼす影響を無視することはできないように思われます。

親密な関係に関わる最も重要なトレンドを2つ挙げろと言われれば、私は技術の進歩と男女の教育格差を選びます。いずれもこの20年間に大きな影響力を発揮してきたもので、今後は違うと考える理由は見当たりません。

エコノミストは総じて未来予測でヘマをしつづけてきたとはいえ、今後こうした市場がたどる行方について、少し私見を綴りたいと思います。

技術の進歩

既に見たように、20世紀半ばの避妊技術の進歩は、婚前交渉のリスクを大きく下げました。新技術がもたらした期待費用の変化は、カジュアル・セックスを思いとどまらせてきた社会的障害を打倒する一助になりました。その結果、風紀は乱れ、望まぬ妊娠や性病罹患が増え、晩婚化が進みました。

これだけでも技術の進歩が性的な意思決定に深い影響を及ぼすことは明らかです。間もなく到来する2つの新技術――性病検査技術と男性の避妊技術――はそれらほど大きな影響は及ぼさないでしょうが、それでもカジュアル・セックスの市場を変えるだろうと思います。

性病検査技術から話を始めましょう。

英国の企業が、2ドルもしないチップと携帯電話を使って性病を検査する技術の開発に巨額を投じてしのぎを削っています。この技術を使えば、青年層の高いＳＴＤ罹患率を下げる助けになるというのです。しかし避妊技術が婚外子の増大につながったのと全く同じように、ＳＴＤ検査技術も罹患率をかえって上げるかもしれません。

メーカーはこの製品の使い方は次のようなものと言います。若者が性病をうつされたのではないかと心配しているが、受診は気が進まない。そこで彼は検査チップを買い、小便か唾をかけて携帯電話に接続する。するとチップに搭載されたナノ技術のおかげで瞬時にＳＴＤ罹患の有無がわかる、という仕組みです。感染していたら、彼はすぐに診察を受けに行く（そう、検査を受けに行くのを逡巡していた診療所にです）。そして病気が治癒するまでセーフセックスの手立てを講じる。そしておそらくもう１つ検査チップを買って、無防備なセックスに戻れるタイミングを確認する……。

この新技術に投資している人々は、あっという間にＳＴＤ罹患率は半減するだろうと予測しています。

私はこの製品の使い方は次のようなものと予想します。若い女性がクラブで男と出会い、彼は無防備なセックスをしようとします。彼女はクラブの自販機で検査チップを買い（実際、投資家はそうした販路を事業計画に組み入れています）、トイレで自己検査をします。

その先の行方は2通りです。

1つは、そのチップで検査できるクラミジアにも淋病にも罹っていない場合です。彼女はこのデータを用いて、件の新パートナーと無防備なセックスをします。それまでこれら2つの疾患を効果的に予防するにはコンドームを使う必要がありましたから、それを省けることがこの技術の売りものです。

一方、彼女のＳＴＤ検査結果は陽性だったとします。深夜、クラブのトイレの中で酔っぱらっている時にです。男はトイレの外で陰性の結果を今か今かと待ち受けています。これは経済学的状況ではありませんが、STD感染の発覚には最悪の状況です。

この技術が若者たちに無防備なセックスを促すなら、完全に適切に用いられたとしても、結果は検査対象外の性病（梅毒やHIVなど）の蔓延と望まぬ妊娠の増大です。適切に用いられなければ、クラミジアと淋病の感染率も向上させるでしょう。

第1章で男性が用いる避妊技術（MBC）が発達すると女性がコンドームを使ってくれと頼みにくくなり、STD罹患率を上げると論じました。私は、女性が服用する経口ピルが1960年代と1970年代に促したような性の乱れをMBCが招くとは思いませんが（それについては時すでに遅し、です）、MBCが影響を与えるセックス市場が1つあります。10代のセックス市場です。

10代の娘を持つ親なら、誰でもその様子が想像できるはずです。

彼女は彼氏にセックスをせがまれています。そして今のところ、予期せぬ妊娠でもしたらどちらにとっても大変だからと説得できています。ある晩、彼はMBC処置を受けたからこれから半年間は絶対に妊娠することはないと彼女に請け合いました。

交渉上の力関係はどうなるでしょう?

10代の男性にMBCを提供すれば、初体験年齢を引き下げる潜在的効果があります。妊娠を別にすれば、早期の初体験に明確な損失はないことは既述の通りです。しかし初体験年齢の低さは、高校時代の性行為を増やすことと強く相関しています。そしてそうした行為の一々が性病感染と妊娠のリスク増大に関わるのなら、ＭＢＣは潜在的には性病罹患率と望まぬ妊娠を、コンドーム使用率が一定であったとしてなおそれらのリスクにさらされている層に対して、増やすことになります。

その上、妊娠の確率がほぼないとわかっている男性がどれだけ積極的にコンドームを使うかは推して知るべしです。

私は決してこれらの技術に反対しているわけではありません。ただＳＴＤ防止や避妊に寄与するという触れ込みの技術を諸手を挙げて歓迎する前に、新技術は人間の行動を変えることを考えるべきだと言いたいのです。そしてそうした行動変化が、元来の主目的に反するのなら、その技術は解決策にはならないはずです。

安全な避妊技術が普及してからどれだけ婚外子が増えたかを調べてみればわかることです。

広がる男女の教育格差

既におわかりの通り、１９８０年代の後半から既に、女子大生は男子大学生を数で凌駕し始めていました。あらゆる教育段階で女性が男性より進学率が高いということの傾向は、近未来に治まる兆しはありません。

大学教育をめぐる男女格差が性の乱れを増やし伝統的なデートを減らしていることについては

既に述べましたが、ここでは高卒以下の学歴の女性にそれがどう関わっているかを論じます。

男女ともにたいていは教育をおえるまで結婚を先延ばしにします。だから学歴が低い人々の方が、総じて早婚です。より多くの女性が大学に進学している状況では、高卒以下の女性は、それだけで結婚市場で優位に立っています。大勢の低学歴男性が待っており、伝統的なデートを要求する主導権も持ちやすいからです。

しかし長い目で見ると様相は異なります。低学歴女性の方が離婚率がはるかに高く、それ以上に離婚すると再婚できる見込みは低いからです。となると、大卒女性が結婚市場入りした時には、そこには高学歴男性と低学歴男性がいることになります。後者は単純に独身のままであるか、それとも離婚歴があって独身であるかです。そして高学歴女性は年上の男性だけを探しているわけではありません。

高学歴女性が若い低学歴男性と結婚する率が高まるにつれて、若い低学歴女性はいまや年配の高学歴女性と同じ土俵で競争しなければなりません。

先進国経済では、多産より子供の高教育化を重視します。また高学歴の母親ほど子供の教育にも熱心なため、低学歴女性は結婚市場でさらに不利になります。高学歴男性は、若く子供がたくさん産める女性から、教育があり少し成熟している女性へと好みが変わるからです。

大学生の男女比が女性側に傾いていることは低学歴女性の結婚市場での競争力を著しく損ない彼女たちの留保価値を低くさせる、すなわち質の悪い結婚を余儀なくさせます。さもなければ、独身のままでいるかです。低学歴女性の結婚率が下がっている状況を見ると、多くの女性はつまらない相手と結婚するくらいなら独身を選んでいるようです。たとえそれが、シングルマザーになるということだったとしてもです。

既に見た通り、結婚の見通しの立たない女性たちは、より危険な性行動に走りやすいものです。これが経済的に恵まれない10代女性の妊娠率と性病罹患率の高さの理由の1つです。

いずれもいまに始まったことではありませんが、進む教育格差の予期せぬ間接的結果として、社会がどう変わっていくかについての私の予想へとつながります。

高学歴女性が若く低学歴でおそらく収入も低い男性と結婚することが増えているというごく最近の現象は、セックス革命時の社会的常識の変化にも比肩しうる社会的変化を促しています。大学進学の直接的結果であるこの変化は、男女関係に革命を起こす可能性を秘めており、男らしさ女らしさをめぐる社会的常識を変えるものです。

高学歴女性が人物本位でどんな学歴や収入の男性とでも結婚するようになる一方で、同じ傾向は低学歴女性を結婚市場から追いやり、より多くの子供を貧困へと押しやるでしょう。

その解決法の1つはもちろん、金持ちの男性が複数の妻を持てるようにすること、すなわち一夫多妻制の是認です。

既に男性の所得格差は一夫多妻制を促し女性の教育格差は一夫一婦制を促すと論じました。それだけにこの一夫多妻制が女性の教育格差の拡大への解決法という提言は腑に落ちにくいかもしれません。しかし女性の格差が一夫一婦制を促すというのは、高学歴女性が相対的に希少な資源であるという仮定の上に成り立っており、これは既にそうではなくなっています。ということは、いずれ金持ちの男は複数の高学歴女性を妻に持てるようになります。

途上国で女性の教育程度を高めれば一夫多妻制を減らすかもしれませんが、先進国の高学歴層で女性の方が男性よりもずっと多いことは、一夫多妻制を支持するように働くのです。

男女の教育格差の拡大はさらに、世帯所得格差の拡大にもつながります。女性の教育歴は高まったかもしれないが、それでも男性の方が稼ぎは良いからです。その結果、妻の方が夫よりも高学歴の世帯は、妻よりも夫の方が高学歴の世帯に比べて、はるかに所得が高くなるのです。

妻の方が夫よりも高学歴の世帯が増えるにつれて、既に大きな世帯所得格差はますます拡大するのです。

最後の最後に

恋愛とセックスについての全ての選択肢や決断、結果は経済学的枠組みで考えた方が理解しやすいと述べました。それに納得されるかどうかはともかく、ここで述べた架空、経験的、理論的など、とりどりの物語をお読みいただいて、私たちの誰もが自らの恋愛とセックスの市場に参入していることを理解されたことを望みます。その上で、あなたが自らの留保価値をはるかに凌駕する伴侶を得てこの市場を卒業されることを祈ってやみません。何せ私はロマンチストなのです。

マクロ経済学的変数についてお話ししてきましたので、教室で学生たちから得たアイデアをもって結びたいと思います。このアイデアはマクロ経済学的変数が性行動にどう影響するかの理解を促すものではなく、むしろ性行動がマクロ経済学的変数の理解を促す例です。

雑誌『エコノミスト』が例年発表しているビッグマック指数について聞いたことがあるかもしれません。この指数の眼目は、為替レートを理解しやすくするために、各国のビッグマックの価格を例に購買力平価――2国間の為替レートは単位量通貨当たりで買える財を等しくするよう調整される――を示すものです。『エコノミスト』ではビッグマックという均質的な商品の価格を120カ国で調べています。外国でビッグマックがいくらするかを調べそれを米国での価格と比べることで、その通貨が強すぎるのか弱すぎるのか、それともつり合いが取れているのかがわかるという考えです。

さて、学生が考えたアイデアとはフェラチオ指数です。

フェラチオは均質的なサービスで、少なくともビッグマック並みに各国で求められるものです。セックスワーカーはきっと、自分のサービスが高く売れる国へと国境を超えていることでしょうから。そして旅行者が渡航先でビッグマックを食べることはあるでしょうが、ビッグマックが最も安い国に殺到するわけではありません。セックス・ツーリストはビッグマック・ツーリストを人数ではるかに凌駕するのです。需給バランスは、フェラチオ・サービスの価格をビッグマック並みに国際的に比較可能にするのです。

実際に指数を整理したわけではありませんが、この国際的に均質なサービスの価格を調べても、しかし各国間の価格の違いが収斂していくことはないと思います。生産はセックスワーカーによるサービス提供という1つだけですが、各国のフェラチオ価格は様々な要因が絡んで決定されているからです。

例えばカジュアル・セックスをめぐる社会的常識はフェラチオ・サービスに影響を与えるはずですから、都市ごとのカジュアル・セックス供給状況を調べて調整しなければなりません。結婚制度もそうで、一夫多妻制の場合、係数をかけなければなりません。男女比もそうですし、花嫁が容易に輸入できるかどうかにもよります。インターネット技術もフェラチオ・サービスの検索に役立ちます。

これでおわかりでしょう。本書でずっと論じてきたセックスと恋愛をめぐる非公式な市場に影響する多くの条件は、別のセックス市場、すなわち価格が調べやすい性風俗産業にも影響するのです。

このお話は、いずれまた。

謝辞

本を著すのは子をなすようなもので、言うまでもなく、人々が親身に世話をしてくれると出産はさらに報いられます。私にとっては本書着想時にニューオリンズにいた仲間たち、すなわちタガート・ブルックス、ブルックス・カイザー、ダニエル・ド・マニク、シャール・ワイズ、オレクシー・クリフツォフそしてデアドレ・マックロースキーらです。

私の「セックスと恋愛の経済学」講座の学生たちも、当初からいずれその内容を著作化する可能性を認識していました。そしてビッグ・シンクの人々、より正確にはポール・ホフマンが、私が著者になるという前向きな結果を裏付けてくれました。私のブログの多くの編集者たち——ビッグ・シンクのデビッド・ヒルシュマンとダニエル・ホナン、『グローブ&メイル』のロブ・ギルロイ、『カナディアン・ビジネス』誌のジョーダン・ティムら——のおかげで、より多くの人々に声を届けられ、また多くの反響から収穫を得ました。この経験をさらに豊かにしてくれたのは、研究論文を送ってくれた人々です。ライアン・デイビス、フランシス・ウーリー、ショーシャナ・グロスバード、ジェームズ・フェンスク、アナトリー・グルーズド、ナイコ・ベル、テレサ・マッキニス、マイケル・マルゴリスらです。

ドゥーラが必要になった時には、素晴らしきダニエル・スベトコフに出会う幸運に恵まれ、そこからエリザベス・フィッシャー、ジム・レヴィン、その他レヴィン・グリーンバーグの優秀なスタッフに知己を得ました。友人の多くもお産を見届けてくれ、特にテレサ・サイラスとナンシー・マックミーカンには感謝します。産婆さんチームは編集者ジェニファー・ランバート、リー・ハーバー、リサ・タウバー、ジェーン・ウォーレン、そしてコピー・エディターのジャネット・シルバー・ヘントなどが無痛の安産を実現してくれました。私の赤ちゃんを美しくしてくれたデザイナー、宣伝担当、販売担当者の方々にも感謝します。

この赤ちゃんには家族がいます。眠れない夜にも忍耐強くいてくれた人々です。グレイス・アドシェイド、パメラとドナルドのローズ夫妻は特にそうでした。レジーナとダンカン・アドシェイドはきっとこんなに要求の多い兄弟を得るとは予想していなかったでしょう。彼らも私の出産の喜びを分かち合ってくれることを祈ります。

Economic Working Paper no. 221, 2010.

Skopek, Jan, Florian Schulz, and Hans-Peter Blossfeld. 2011. "Who Contacts Whom? Educational Homophily in Online Mate Selection." *European Sociological Review* 27, no. 2 (2011): 180–195.

Stevenson, Betsey, and Justin Wolfers. "Marriage and Divorce: Changes and Their Driving Forces." National Bureau of Economic Research Working Paper no. 12944, 2007.

———. "Bargaining in the Shadow of the Law: Divorce Laws and Family Distress." *Quarterly Journal of Economics* 121, no. 1 (2006): 267–288.

Stoker, Janka I., Jennifer Jordan, Monique Pollmann, Joris Lammers, and Diederik A. Stapel. "Power Increases Infidelity among Men and Women." *Psychological Science* 22, no. 9 (2011) : 1191–1197.

Taylor, Jacqueline Sánchez. "Dollars Are a Girl's Best Friend? Female Tourists' Sexual Behaviour in the Caribbean." *Sociology* 35, no. 3 (2001): 749–764.

Toma, Catalina L., and Jeffrey T. Hancock. "Looks and Lies: The Role of Physical Attractiveness in Online Dating Self-Presentation and Deception." *Communication Research* 37, no. 3 (2010): 335–351.

Uecker, Jeremy E., and Mark D. Regnerus. 2010. "Bare Market: Campus Sex Ratios, Romantic Relationships, and Sexual Behavior." *Sociological Quarterly* 51, no. 3 (2010): 408–435.

United Nations. *World Fertility Report 2009.* New York: United Nations Department of Economic and Social Affairs, Population Division, 2011.

Van den Bergh, Bram, Siegfried Dewitte, and Luk Warlop. "Bikinis Instigate Generalized Impatience in Intertemporal Choice." *Journal of Consumer Research* 35, no. 1 (2008): 85–97.

Vernon, Victoria. "Marriage: For Love, for Money . . . and for Time?" *Review of Economics of the Household* 8, no. 4 (2010): 433–457.

Vespa, Jonathan, and Matthew A. Painter. "Cohabitation History, Marriage, and Wealth Accumulation." *Demography* 48, no. 3 (2011): 983–1004.

Westling, Tatu. "Male Organ and Economic Growth: Does Size Matter?" Helsinki Center of Economic Research Discussion Paper no. 335, 2011.

Transmission of Human Immunodeficiency Virus (HIV) in Northern California: Results from a Ten-Year Study." *American Journal of Epidemiology* 146, no. 4 (1997): 350–357.

Pillsworth, Elizabeth G., and Martie G. Haselton. "Male Sexual Attractiveness Predicts Differential Ovulatory Shifts in Female Extra-Pair Attraction and Male Mate Retention." *Evolution and Human Behavior* 27, no. 4 (2006): 247–258.

Previti, Denise, and Paul R. Amato. "Is Infidelity a Cause or a Consequence of Poor Marital Quality?" *Journal of Social and Personal Relationships* 21, no. 2 (2004): 217–230.

Puts, David A., Lisa L. M. Welling, Robert P. Burriss, and Khytam Dawood. "Men's Masculinity and Attractiveness Predict Their Female Partners' Reported Orgasm Frequency and Timing." *Evolution and Human Behavior*, 33, no. 1 (2011): 1–9.

Regnerus, Mark, and Jeremy Uecker. *Premarital Sex in America: How Young Americans Meet, Mate, and Think about Marrying.* Oxford: Oxford University Press, 2011.

Rotermann, Michelle "Trends in Teen Sexual Behaviour and Condom Use." *Health Reports* 19, no. 3 (2008): 53–58.

Sabia, Joseph J., and Daniel I. Rees. "Boys Will Be Boys: Are There Gender Differences in the Effect of Sexual Abstinence on Schooling?" *Health Economics* 20, no. 3 (2011): 287–305.

Santelli, John S., and Andrea J. Melnikas. "Teen Fertility in Transition: Recent and Historic Trends in the United States." *Annual Review of Public Health* 31 (2010): 371–383.

Schick, Vanessa, Debra Herbenick, Michael Reece, Stephanie A. Sanders, Brian Dodge, Susan E. Middlestadt, and J. Dennis Fortenberry. "Sexual Behaviors, Condom Use, and Sexual Health of Americans over 50: Implications for Sexual Health Promotion for Older Adults." *Journal of Sexual Medicine* 7 (2010): 315–329.

Schilt, Kristen. "Just One of the Guys? How Transmen Make Gender Visible at Work." *Gender & Society* 20, no. 4 (2006): 465–490.

Schmitt, David P. "Sociosexuality from Argentina to Zimbabwe: A Forty-Eight-Nation Study of Sex, Culture, and Strategies of Human Mating." *Behavioral and Brain Sciences* 28, no. 2 (2005): 247–275.

Sen, Anindya, and May Luong. "Estimating the Impact of Beer Prices on the Incidence of Sexually Transmitted Diseases: Cross-Province and Time Series Evidence from Canada." *Contemporary Economic Policy* 26, no. 4 (2008): 505–517.

Sen, Anindya, Marcel Voia, and Frances Woolley. "The Effect of Hotness on Pay and Productivity." Carleton University, Dept. of Economics Working Paper no. 10–07, 2010.

Shaw, George Bernard. *Man and Superman; a Comedy and a Philosophy.* Cambridge, MA: The University Press, 1903.

Singh, Susheela, Gilda Sedgh, and Rubina Hussain. "Unintended Pregnancy: Worldwide Levels, Trends, and Outcomes." *Studies in Family Planning* 41, no. 4 (2010): 241–250.

Sinning, Mathias, and Shane M. Worner. "Inter-Ethnic Marriage and Partner Satisfaction." Ruhr

Lee, Leonard, George Loewenstein, Dan Ariely, James Hong, and Jim Young. "If I'm Not Hot, Are You Hot or Not?" *Psychological Science* 19, no. 7 (2008): 669–677.

Lee, Soohyung, Muriel Niederle, Hye-Rim Kim, and Woo-Keum Kim. "Propose with a Rose? Signaling in Internet Dating Markets." National Bureau of Economic Research Working Paper no. 17340, 2011.

Levine, Adam, Robert Frank, and Oege Dijk. "Expenditure Cascades." Unpublished manuscript, 2010.

Logan, John A., Peter D. Hoff, and Michael A. Newton. "Two-Sided Estimation of Mate Preferences for Similarities in Age, Education, and Religion." *Journal of the American Statistical Association* 103, no. 482 (2008): 559–569.

Luci, Angela, and Olivier Thévenon. "La Fécondité Remonte dans les Pays de l'OCDE: Est-ce dû au Progrès Économique?" *Bulletin Mensuel d'Information de l'Institut National d'Études Démographiques* 481 (2011).

Mather, Mark, and Diana Lavery. "In U.S., Proportion Married at Lowest Recorded Levels." Washington: Population Reference Bureau, 2010.

McIntosh, William D., Lawrence Locker, Katherine Briley, Rebecca Ryan, and Alison J. Scott. "What Do Older Adults Seek in Their Potential Romantic Partners? Evidence from Online Personal Ads." *The International Journal of Aging and Human Development* 72, no. 1 (2011): 67–82.

Mechoulan, Stéphane. "The External Effects of Black-Male Incarceration on Black Females." *Journal of Labor Economics* 29, no. 1 (2011): 1–35.

Mialon, Hugo M. "The Economics of Faking Ecstasy." *Economic Inquiry* 50, no. 1 (2012): 277–285.

Miller, Bonnie B., David N. Cox, and Elizabeth M. Saewyc. "Age of Sexual Consent Law in Canada: Population-Based Evidence for Law and Policy." *The Canadian Journal of Human Sexuality* 19, no. 3 (2010).

Negrusa, Brighita, and Sonia Oreffi ce. "Sexual Orientation and Household Financial Decisions: Evidence from Couples in the United States." *Review of Economics of the Household* 9, no. 4 (2011): 445–463.

Noordewier, Marret K., Femke van Horen, Kirsten I. Ruys, and Diederik A. Stapel. "What's in a Name? 361.708 Euros: The Effects of Marital Name Change." *Basic and Applied Social Psychology* 32, no. 1 (2010): 17–25.

Oreffi ce, Sonia. "Sexual Orientation and Household Decision Making: Same-Sex Couples' Balance of Power and Labor Supply Choices." *Labour Economics* 18, no. 2 (2011): 145–158.

Oreopoulos, Philip, and Kjell G. Salvanes. "Priceless: The Nonpecuniary Benefits of Schooling." *Journal of Economic Perspectives* 25, no. 1 (2011): 159–184.

Padian, Nancy S., Stephen C. Shiboski, Sarah O. Glass, and Eric Vittinghoff. "Hetero sexual

American Economic Review 100, no. 1 (2010): 130–163.

———. "What Makes You Click? Mate Preferences in Online Dating." *Quantitative Marketing and Economics* 8, no. 4 (2010): 393–427.

Hogan, Bernie, Nai Li, and William H. Dutton. "A Global Shift in the Social Relationships of Networked Individuals: Meeting and Dating Online Comes of Age." *Feedback* 287 (2011): 211.

Janssens, Kim, Mario Pandelaere, Bram Van den Bergh, Kobe Millet, Inge Lens, and Keith Roe. "Can Buy Me Love: Mate Attraction Goals Lead to Perceptual Readiness for Status Products." *Journal of Experimental Social Psychology* 47, no. 1 (2011): 254–258.

Kanazawa, Satoshi, and Mary C. Still. 1999. "Why Monogamy?" *Social Forces* 78 (1999): 25–50.

———. "The Emergence of Marriage Norms: An Evolutionary Psychological Perspective." In *Social Norms*, ed. Michael Hechter and Karl-Dieter Opp, 274–304: New York: Russell Sage Foundation, 2001.

Kearney, Melissa Schettini, and Phillip B. Levine. "Early Non-marital Childbearing and the 'Culture of Despair.'" National Bureau of Economic Research Working Paper no. 17157, 2011.

Kendall, Todd D. "Pornography, Rape, and the Internet." Paper presented at Law and Economics Seminar Fall Term, 2006.

———. "The Relationship between Internet Access and Divorce Rate." *Journal of Family and Economic Issues* 32, no. 3 (2011): 449–460.

Kerkhof, Peter, Catrin Finkenauer, and Linda D. Muusses. "Relational Consequences of Compulsive Internet Use: A Longitudinal Study among Newlyweds." *Human Communication Research* 37, no. 2 (2011): 147–173.

Kim, Jane. "Traffi cked: Domestic Violence, Exploitation in Marriage, and the Foreign-Bride Industry." *Virginia Journal of International Law* 51, no. 2 (2010): 443–506.

Kippen, Rebecca, Bruce Chapman, and Peng Yu. "What's Love Got to Do with It? Homogamy and Dyadic Approaches to Understanding Marital Instability." Paper presented at the Biennial HILDA Survey Research Conference, 2009.

Klofstad, Casey A., Rose McDermott, and Peter K. Hatemi. "Do Bedroom Eyes Wear Political Glasses? The Role of Politics in Human Mate Attraction." *Evolution and Human Behavior* 33. no. 2 (2012): 100–108.

Kopp, Marie E. *Birth Control in Practice: Analysis of Ten Thousand Case Histories of the Birth Control Clinical Research Bureau*. New York: Arno Press, 1972.

Kreider, Rose M. "Increase in Opposite-Sex Cohabiting Couples from 2009 to 2010." *Annual Social and Economic Supplement (ASEC) to the Current Population Survey (CPS)*, 2010.

Lagerlöf, Nils-Petter. "Pacifying Monogamy." *Journal of Economic Growth* 15, no. 3 (2010): 235–262.

es in Dating." *Review of Economic Studies* 75, no. 1 (2008): 117–132.

Francis, Andrew M., and Hugo M. Mialon. "Tolerance and HIV." *Journal of Health Economics* 29, no. 2 (2010): 250–267.

Fry, Richard, and D'Vera Cohn. "New Economics of Marriage: The Rise of Wives." *Pew Research Center Publications*, 2010.

———. "Women, Men, and the New Economics of Marriage." *Pew Research Center Publications*, 2010.

Furtado, Delia, and Nikolaos Theodoropoulos. "Interethnic Marriage: A Choice between Ethnic and Educational Similarities." *Journal of Population Economics* 24, no. 4 (2011): 1257–1279.

Gooding, Gretchen E., and Rose M. Kreider. "Women's Marital Naming Choices in a Nationally Representative Sample." *Journal of Family Issues* 31, no. 5 (2010): 681–701.

Gould, Eric D., Omer Moav, and Avi Simhon. "The Mystery of Monogamy." *American Economic Review* 98, no. 1 (2008): 333–357.

Greenwood, Jeremy, Ananth Seshadri, and Mehmet Yorukoglu. "Engines of Liberation." *Review of Economic Studies* 72, no. 1 (2005): 109–133.

Greenwood, Jeremy, and Nezih Guner. "Social Change: The Sexual Revolution." *International Economic Review* 51, no. 4 (2010): 893–923.

Hankins, Scott, and Mark Hoekstra. "Lucky in Life, Unlucky in Love? The Effect of Random Income Shocks on Marriage and Divorce." *Journal of Human Resources* 46, no. 2 (2011): 403–426.

Haselton, Martie G., and Geoffrey F. Miller. "Women's Fertility across the Cycle Increases the Short-Term Attractiveness of Creative Intelligence."*Human Nature* 17, no. 1 (2006): 50–73.

Hassan, Mohamed A. M., and Stephen R. Killick. "Effect of Male Age on Fertility: Evidence for the Decline in Male Fertility with Increasing Age." *Fertility & Sterility* 79 (2003): 1520–1527.

Hazan, Moshe, and Hosny Zoabi. "Do Highly Educated Women Choose Smaller Families?" Centre for Economic Policy Research Discussion Paper no. 8590, 2011.

Heckman, James J., and Paul A. LaFontaine. "The American High School Graduation Rate: Trends and Levels. " National Bureau of Economic Research Working Paper no. 13670, 2007.

Hellerstein, Judith K., and Melinda S. Morrill. "Booms, Busts, and Divorce." *The B.E. Journal of Economic Analysis & Policy* 11, no. 1 (2011): 54.

Herpin, Nicolas. "Love, Careers, and Heights in France, 2001." *Economics & Human Biology* 3, no. 3 (2005): 420–449.

Hersch, Joni. "Compensating Differentials for Sexual Harassment." *American Economic Review* 101, no. 3 (2011): 630–634.

Hitsch, Günter J., Ali Hortaçsu, and Dan Ariely. "Matching and Sorting in Online Dating."

Coles, Melvyn G., and Marco Francesconi. "On the Emergence of Toyboys: The Timing of Marriage with Aging and Uncertain Careers." *International Economic Review* 52, no. 3 (2011): 825–853.

Cowan, Benjamin W. "Forward-Thinking Teens: The Effects of College Costs on Adolescent Risky Behavior." *Economics of Education Review* 23 (2011): 133–141.

Cox, Donald. "The Evolutionary Biology and Economics of Sexual Behavior and Infidelity." Unpublished manuscript, 2009.

Daneshvary, Nasser, Jeffrey Waddoups, and Bradley S. Wimmer. "Previous Marriage and the Lesbian Wage Premium." Industrial Relations: *A Journal of Economy and Society* 48, no. 3 (2009): 432–453.

DeSimone, Jeffrey S. "Binge Drinking and Risky Sex among College Students." National Bureau of Economic Research Working Paper no. 15953, 2010.

Dessy, Sylvain, and Habiba Djebbari. "High-Powered Careers and Marriage: Can Women Have It All?" The B.E. *Journal of Economic Analysis & Policy* 10, no. 1 (2010).

D'Orlando, Fabio. "Swinger Economics." *Journal of Socio-economics* 39, no. 2 (2010): 295–305.

Dupas, Pascaline. "Do Teenagers Respond to HIV Risk Information? Evidence from a Field Experiment in Kenya." National Bureau of Economic Research Working Paper no. 14707, 2009.

Edlund, Lena. "Sex and the City." *The Scandinavian Journal of Economics* 107, no. 1 (2005): 25–44.

Edlund, Lena, and Evelyn Korn. "A Theory of Prostitution." *Journal of Political Economy* 110, no. 1 (2002): 181–214.

Elmslie, Bruce, and Edinaldo Tebaldi. "So, What Did You Do Last Night? The Economics of Infi delity." *Kyklos* 61, no. 3 (2008): 391–410.

Farnham, Martin, Lucie Schmidt, and Purvi Sevak. "House Prices and Marital Stability." *American Economic Review* 101, no. 3 (2011): 615–619.

Fernández-Villaverde, Jesús, Jeremy Greenwood, and Nezih Guner. "From Shame to Game in One Hundred Years: An Economic Model of the Rise in Premarital Sex and Its De-stigmatization." National Bureau of Economic Research Working Paper no. 15677, 2010.

Fiore, Andrew, Lindsay Shaw Taylor, Gerald Mendelsohn, and Marti Hearst. "Assessing Attractiveness in Online Dating Profiles." Paper presented at Proceeding of the Twenty-Sixth Annual SIGCHI Conference on Human Factors in Computing Systems, 2008.

Fiore, Andrew, Lindsay Shaw Taylor, X. Zhong, Gerald Mendelsohn, and Coye Cheshire. "Whom We (Say We) Want: Stated and Actual Preferences in Online Dating." Poster presented at the Eleventh Annual Meeting of the Society for Personality and Social Psychology, Las Vegas, NV, 2010.

Fisman, Raymond, Sheena S. Iyengar, Emir Kamenica, and Itamar Simonson. "Racial Preferenc-

Becker, Gary S. *A Treatise on the Family*. Cambridge, MA: Harvard University Press, 1991.

Belot, Michèle, and Jan Fidrmuc. "Anthropometry of Love: Height and Gender Asymmetries in Interethnic Marriages." *Economics & Human Biology* 8, no. 3 (2010): 361–372.

Bertocchi, Graziella, Marianna Brunetti, and Costanza Torricelli. "Marriage and Other Risky Assets: A Portfolio Approach." *Journal of Banking & Finance* 35, no. 11 (2011): 2902–2915.

Blanchfl ower, David G., and Andrew J. Oswald. "Money, Sex, and Happiness: An Empirical Study." *Scandinavian Journal of Economics* 106, no. 3 (2004): 393–415.

Brooks, Taggert J. "In Da Club: An Econometric Analysis of Strip Club Patrons." Unpublished manuscript, 2007.

Brown, Heather. "Marriage, BMI and Wages: A Double Selection Approach." *Scottish Journal of Political Economy* 58, no. 3 (2011): 347–377.

Bruze, Gustaf. "Marriage Choices of Movie Stars: Does Spouse's Education Matter?" *Journal of Human Capital* 5, no. 1 (2011): 1–28.

Buss, David M. *The Dangerous Passion: Why Jealousy Is as Necessary as Love and Sex*. New York: The Free Press, 2000.

Cameron, Samuel. "The Economic Model of Divorce: The Neglected Role of Search and Specific Capital Formation." *Journal of Socio-economics* 32, no. 3 (2003): 303–316.

———. "The Economics of Partner Out Trading in Sexual Markets." *Journal of Bioeconomics* 4, no. 3 (2002): 195–222.

Card, David, and Laura Giuliano. "Peer Effects and Multiple Equilibria in the Risky Behavior of Friends." National Bureau of Economic Research Working Paper no. 17088, 2011.

Center for Sexual Health Promotion. *National Survey of Sexual Health and Behavior (NSSHB)*, www.nationalsexstudy.indiana.edu, 2012.

Central Intelligence Agency. *CIA World Factbook*, www.cia.gov/library/publications/the-world-factbook. Washington: Central Intelligence Agency, 2012.

Charles, Kerwin K., Erik Hurst, and Alexandra Killewald. "Marital Sorting and Parental Wealth." National Bureau of Economic Research Working Paper no. 16748, 2011.

Charles, Kerwin K., and Ming Ching Luoh. "Male Incarceration, the Marriage Market, and Female Outcomes." *The Review of Economics and Statistics* 92, no. 3 (2010): 614–627.

Chesson, Harrell, Paul Harrison, and William Kassler. "Sex under the Infl uence: The Effect of Alcohol Policy on Sexually Transmitted Disease Rates in the United States." *Journal of Law and Economics* 43, no. 1 (2000): 215–238.

Chu, Simon, Danielle Farr, John E. Lycett, and Luna Muñoz. "Interpersonal Trust and Market Value Moderates the Bias in Women's Preferences Away from Attractive High-Status Men." *Personality and Individual Differences* 51, no. 2 (2011): 143–147.

Coleman, Martin D. "Sunk Cost and Commitment to Dates Arranged Online." *Current Psychology* 28, no. 1 (2009): 45–54.

参考文献

Abma, Joyce C., Gladys M. Martinez, and Casey E. Copen. "Teenagers in the United States: Sexual Activity, Contraceptive Use, and Childbearing, National Survey of Family Growth 2006–2008." *Vital and Health Statistics 23*, no. 30 (2010): 1–47.

Adshade, Marina E., and Brooks A. Kaiser. "The Origins of the Institutions of Marriage." Queen's University, Department of Economics, Working Paper no. 1180, 2012.

Alan Guttmacher Institute. "U.S. Teenage Pregnancies, Births and Abortions:National and State Trends and Trends by Race and Ethnicity."www.guttmacher.org, (January 2010).

Alterovitz, Sheyna Sears-Roberts, and Gerald A. Mendelsohn. "Partner Preferences across the Life Span: Online Dating by Older Adults." *Psychology and Aging 24*, no. 2 (2009): 513.

Alvergne, Alexandra, and Virpi Lummaa. "Does the Contraceptive Pill Alter Mate Choice in Humans?" *Trends in Ecology & Evolution 25*, no. 3 (2010): 171–179.

American Society of Plastic Surgeons. "Plastic Surgery Rebounds Along with Recovering Economy." www.plasticsurgery.org, 2011.

Anik, Lalin, and Michael I. Norton. "The Happiness of Matchmaking." Unpublished manuscript, 2011.

Arcidiacono, Peter, Ahmed Khwaja, and Lijing Ouyang. "Habit Persistence and Teen Sex: Could Increased Access to Contraception Have Unintended Consequences for Teen Pregnancies?" Unpublished manuscript, 2007.

Arcidiacono, Peter, Andrew W. Beauchamp, and Marjorie B. McElroy. "Terms of Endearment: An Equilibrium Model of Sex and Matching." National Bureau of Economic Research Working Paper no. 16517, 2010.

Ariely, Dan, and George Loewenstein. "The Heat of the Moment: The Effect of Sexual Arousal on Sexual Decision Making." *Journal of Behavioral Decision Making* 19, no. 2 (2006): 87–98.

Banerjee, Abhijit, Esther Dufl o, Maitreesh Ghatak, and Jeanne Lafortune. "Marry for What? Caste and Mate Selection in Modern India." National Bureau of Economic Research Working Paper no. 14958, 2009.

Baumeister, Roy F., and Juan P. Mendoza. "Cultural Variations in the Sexual Marketplace: Gender Equality Correlates with More Sexual Activity." *The Journal of Social Psychology* 151, no. 3 (2011): 350–360.

Baunach, Dawn Michelle. "Decomposing Trends in Attitudes Toward Gay Marriage, 1988–2006." *Social Science Quarterly*, 92, no. 2 (2011): 346–363.

Beach, Frank A., and Lisbeth Jordan. "Sexual Exhaustion and Recovery in the Male Rat." *Quarterly Journal of Experimental Psychology* 8, no. 3 (1956): 121–133.

【著者紹介】
マリナ・アドシェイド（Marina Adshade）
カナダ・バンクーバー市のブリティッシュ・コロンビア大学で経済学を講じている。クイーンズ大学にて経済学のPh.D.を取得。2008年には学部生向けに経済学の視点からセックスと恋愛を考えさせる「セックスと恋愛の経済学」講座を開講した。講座は瞬く間に人気を博し、ブログ「ダラーズ・アンド・セックス」(marinaadshade.com)の立ち上げをもたらした。

【訳者紹介】
酒井泰介（さかい　たいすけ）
翻訳者。近訳に『なぜ政府は信頼できないのか』、『平等社会』（東洋経済新報社）、『夫夫円満』（東洋経済新報社、共訳）、『ウルフ・オブ・ウォールストリート（上・下）』（早川書房）、『P&G式「勝つために戦う」戦略』（朝日新聞出版）他がある。

セックスと恋愛の経済学

2015年 1 月 1 日　第 1 刷発行
2015年 6 月 8 日　第 4 刷発行

著　者――マリナ・アドシェイド
訳　者――酒井泰介
発行者――山縣裕一郎
発行所――東洋経済新報社
〒103-8345　東京都中央区日本橋本石町 1-2-1
電話＝東洋経済コールセンター　03(5605)7021
http://toyokeizai.net/

ＤＴＰ…………アイランドコレクション
装　丁…………橋爪朋世
印刷・製本……廣済堂
編集担当………矢作知子

Printed in Japan　　ISBN 978-4-492-31452-4